ふるさと東京 今昔散歩

第1巻 浅草編

隅田川、駒形橋と松屋浅草店【昭和戦前期】

Contents

まえがき

　人間いつ何がどう転んで行くのかわからないものです。五十路手前で突然浅草の絵葉書や古写真に興味が湧き、そこに写された景色や文化に得も言えぬ浪漫を感じ、当時の写真家F・ベアト、日下部金兵衛らが撮った幕末から明治にかけての手彩色写真を求め始める。その後自分の身近にあった現代の浅草も、実は江戸の名残りが各所に受け継がれていることを知り、調べれば調べるほどさらに深みへとハマって行くのである。

　僕が生まれ育ったのは墨田区吾嬬町（現在の立花）。実家は小さな酒屋だが十人近い大家族。その末っ子として生を受けたため、周りの大人達に囲まれてやたら頭でっかちなマセたガキだった。街の小さな酒屋とは言え当時は今と違って週のうちの六日間は鬼のように忙しく、親父と叔父たちは一日中配達を、それこそ閉店時間近くまで続けていたのを覚えている。婆ちゃんはたばこと切手売り専門、お袋は店番しながら朝昼晩の御三どんと掃除洗濯。ですので週に一度の休日、日曜日はまだ若い親父もお袋もクタクタだった。今では死語になってしまったかどうかわかりませんが「寝て曜日」と言う言葉を地で行ってた感じです。それでもたまに浅草や上野に連れて行ってくれたのは、今にして思うと、親の心子知らず、本当に感謝の気持ちしかありません。

　大人になって浅草の魅力を再発見し出した昨今、子供の頃そこで見た景色、経験は自分にとっての宝物だと改めて感じます。浅草の今昔物語（奇譚）には幼い自分へのノスタルジーと、大人になった自分にとっての浪漫が詰め込まれているのです。

坂崎幸之助

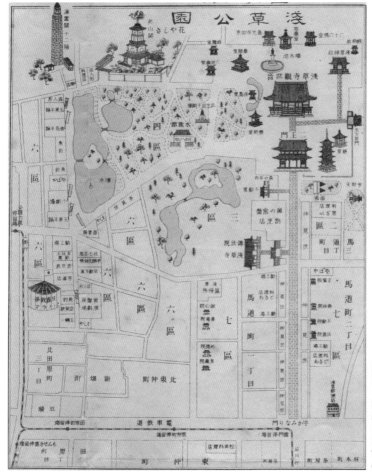

浅草公園付近の地図【明治後期】
南西部分を路面電車（市電）が走っていたことが示されている。左上には浅草十二階が描かれている。
Map of Asakusa Park surrounding area 【late Meiji period】
Shows that a street car (tram) ran along the southwest area. The upper left depicts Asakusa Ryōunkaku.

浅草寺の俯瞰【昭和戦前期】
空から見た浅草寺の境内。中央に仁王門、本堂があり、右手に五重塔が建っている。
A panoramic view of Sensō-ji Temple from airplane【prewar Showa period】
There was the Five-story Pagoda on the east side along with Nio-Mon Gate and Main Hall of Sensō-ji Temple.

01 江戸の名残り
CHAPTER
Remains in Edo

01-1
浅草の俯瞰

　浅草のイメージでまず思い出すのは、演歌師の添田知道が歌って大流行した『東京節(パイノパイノパイ)』。この歌は1番の歌詞が丸の内から始まり、1918(大正7)年に竣工したばかりの東京海上ビルディング、日比谷公園、東京駅などが描かれている。いよいよ2番では浅草がテーマとなって、江戸から続く雷門、仲見世、浅草寺という風景、そして豆売りのお婆さんが登場し、さらに寿司、おこし、牛、天ぷらなど食・名物が歌詞の中に盛り込まれていく。おそらくは、これが関東大震災前、浅草の街が最も活発で華やかだった時代の描写ではないだろうか。ここで歌われた「活動　十二階　花屋敷」は、いずれも明治に登場した浅草名所・名物だが、浅草十二階(凌雲閣)は関東大震災で崩れ去り、戦後も繁栄を保った映画(活動)の灯も消えていった。古い浅草の

浅草寺付近の俯瞰【昭和戦前期作成】
浅草の町並みとともに、浅草寺の雷門、鉄道馬車などが見える。新旧の浅草の表情がうかがえる。
Elevated view of Sensō-ji Temple surrounding area【prewar Showa period】
Shows the Asakusa landscape as well as Kaminari-Mon Gate a horse-drawn tram of Sensō-ji Temple. Provides a glimpse of Asakusa old and new.

灯を守り続けている庶民的な遊園地、花屋敷はいまも健在。そんないまは懐かし、浅草の風景をこの本では紹介する。

機上より見た浅草寺の全景【昭和戦前期】
浅草寺の仁王門、本堂とともに東側に五重塔があった。手前（下）
には仲見世が続いている。
**A panoramic view of Sensō-ji Temple from airplane
【prewar Showa period】**
There was the Five-story Pagoda on the east side along
with Nio-Mon Gate and Main Hall of Sensō-ji Temple. The
Nakamise shopping arcade is shown in the foreground
(below).

浅草寺境内【明治後期】
参詣客で賑わう浅草寺の境
内。右手には仁王門があり、
正面に五重塔が建ってい
る。
**Sensō-ji Temple grounds
【late Meiji period】**
The grounds of Sensō-ji
Temple crowded with
worshipers. The Main
Hall (Kannon-do) is on
the right, and the Five-
story Pagoda stands in
front.

01-2
浅草寺境内

浅草寺境内【現在】
正面奥には、下町の新名所となった東京スカイツリーが
できている。
Sensō-ji Temple grounds 【present】
The Tokyo Sky Tree, the new attraction of the
downtown area stands in the background of the
front gate.

【上左】浅草寺の五重塔【明治後期】
手前には、「東京節」の歌詞にも登場する「鳩ぽっぽの豆」を売るおばあさんたちの店が見える。
Five-story Pagoda of Sensō-ji Temple【late Meiji period】
In the foreground, you can see stores of the old ladies selling "Hatopoppo no Mame" (sweet beans) that appears in the lyrics of the song "Tokyo Bushi".

【右中】浅草寺の境内、五重塔【明治後期】
手前には大きな灯籠が見え、奥に五重塔が建っている。この当時は本堂の東側にあった。
Five-story Pagoda in the grounds of Sensō-ji Temple【late Meiji period】 A large lantern can be seen in the foreground, and a Five-story Pagoda stands in the background. During this period, the pagoda stood on the east side of the Main Hall.

01-3
五重塔と燈籠

　東京都で最古の寺とされる金龍山浅草寺。推古天皇の時代だった628年、隅田川から引き上げられた、観音菩薩を本尊としていることから、「浅草観音」「観音さま」と呼ばれるのは御承知の通り。本堂は旧五重塔とはほぼ同じ、1649（慶安2）年の建立だったが、五重塔とともに太平洋戦争の空襲で焼失した。本堂の方がひと足早く、1958（昭和33）年に再建されている。

　五重塔は、古くは三重塔だったとされている。現在のような五重塔になったのは江戸時代の1648（慶安元）年で、そのまま近代まで残っていたが、太平洋戦争の空襲で焼失した。戦後の1973（昭和48）年、本堂の再建より15年遅れて、西側に高さ約48メートルの新しい五重塔が再建された。ところで、まだご記憶の方もおられるだろうが、戦前の五重塔は絵葉書に見られるように、本堂の東側に建てられていた。戦後の再建にあたり、江戸初期まで存在した三重塔があった、元の位置に戻されたのである。

【右下】浅草寺の五重塔【現在】
1973（昭和48）年に再建された五重塔は、本堂の西側に建てられた。高さは48メートル。
Five-story Pagoda of Sensō-ji Temple【present】
The Five-story Pagoda was rebuilt on the west side of the Main Hall in 1973. Height is 48 meters.

浅草寺の本堂【明治後期】
関東大震災で被害を受ける前の浅草寺の本堂。葉のない木立が見えるので冬の風景だろうか。

The Main Hall of Sensō-ji Temple【late Meiji period】
The Main Hall of Sensō-ji Temple before it was damaged by the Great Kanto Earthquake. The trees without leaves suggest a winter landscape.

01-4
浅草寺本堂

【右中】
浅草寺本堂の修理風景、上屋側面【昭和戦前期】
関東大震災後の1933（昭和 8 ）年に大営繕が行われた。

Scene of repairs to the Sensō-ji Temple Main Hall, side view of the upper shed【prewar Showa period】 In 1933, large-scale repairs were carried out following the Great Kanto Earthquake.

【左下】浅草寺本堂【現在】
2009 ～ 2010（平成21 ～ 22）年にかけて、平成本堂大営繕が行われた。

Sensō-ji Temple Main Hall【present】 Large-scale repairs were carried out on the Heisei Repairs of Main Hall from 2009 to 2010.

01-5 浅草寺本堂から

◇浅草寺◇

何と言っても浅草寺と言えば、おみくじ。凶が多く出る事でも有名です。噂によると三割ほど含まれているらしいのですが、凶を引いたからと落ち込んではいけないと。そのことによって毎日を誠実に過ごしていけば、いずれは吉に転じる、ということを伝えているようです。この日僕も参拝後100円を納め、六角柱のやや重たい箱の中から一本引かせて頂きました。結果は見事「凶」。所定の場所に結んで参りました。さて、毎日を誠実に暮らさねば。

【上】浅草寺の境内【大正期】
本堂の欄干から見た浅草寺の境内。奥に浅草十二階が見える。
Sensō-ji Temple grounds【Taisho period】
The grounds of Sensō-ji Temple seen from the balustrade of the Main Hall. Asakusa Ryōunkaku is visible in the background.

【下】浅草寺の境内【現在】
背景に見える浅草の街にも、高いビルが並ぶようになった。
Sensō-ji Temple grounds【present】 High buildings now line the Asakusa cityscape seen in the background.

浅草寺の仁王門【明治後期〜大正前期】
参拝客が行き交う浅草寺の仲見世、仁王門（現・宝蔵門）。仁王門は1945（昭和20）年の東京大空襲で焼失した。
Nio-Mon Gate of Sensō-ji Temple【late Meiji-early Taisho period】
Sensō-ji Temple Nakamise shopping arcade bustling with visitors and Nio-Mon Gate (currently Hozo-Mon Gate).
Nio-Mon Gate was burnt down in the Bombing of Tokyo in 1945.

01-6 仁王門

浅草寺の宝蔵門【現在】
1964（昭和39）年に、実業家の大谷米次郎
夫妻からの寄進により再建された宝蔵門。
**Hozo-Mon Gate at Sensō-ji Temple
【present】**
The Hozo-Mon Gate was rebuilt
in 1964 thanks to donations from
businessman Yonejiro Otani and his
wife.

浅草寺の仁王門、大提灯【明治後期】
仁王門に置かれていた仁王像と、吊るされていた大提灯。
Nio-Mon Gate and large lantern in Sensō-ji Temple【late Meiji period】 A statue of Nio placed at Nio-Mon Gate and a large hanging lantern.

浅草寺の宝蔵門【現在】
仁王門は戦後に再建されて、現在は宝蔵門と呼ばれている。
Hozo-Mon Gate in Sensō-ji Temple【present】
Nio-Mon Gate was rebuilt after the war and is now called Hozo-Mon Gate.

01-7
仁王門と団十郎銅像

9代目市川団十郎像【昭和戦前期】
1919（大正8）年に建立された市川団十郎の「暫」銅像。彫刻家、新海竹太郎の作だったが、戦時中に供出された。
The statue of Danjuro Ichikawa the 9th【prewar Showa period】 A "temporary" bronze statue of Danjuro Ichikawa, erected in 1919. It was made by sculptor Taketaro Shinkai, but was delivered to the government during the war.

九代目市川団十郎像
【現在】
1986（昭和61）年、浅草寺本堂裏に復元された9代目の市川団十郎像。
The statue of Danjuro Ichikawa the 9th【present】
In 1986, the statue of Danjuro Ichikawa the 9th was restored in the back of the Main Hall of Sensō-ji Temple.

東本願寺【明治後期】関東大震災で本堂が焼失する前の東本願寺。
Higashi Hongan-ji Temple 【late Meiji period】 Higashi Hongan-ji Temple before the Main Hall was destroyed by the Great Kanto Earthquake.

01-8 東本願寺

　東京では、築地の西本願寺が有名だが、浅草にも浄土真宗東本願寺派の東本願寺（浅草本願寺）がある。江戸時代初期には神田にあったが、明暦の大火（1657年）で焼失し、浅草に移ってきた。葛飾北斎の浮世絵「富嶽三十六景」に「東都浅草本願寺」として描かれた立派な本堂は、明治時代には日清、日露戦争時に捕虜収容所としても使われた。この本堂は関東大震災で焼失し、1939（昭和14）年に鉄筋コンクリート造りで再建された本堂も太平洋戦争の空襲で内部が焼け、戦後に内部が再建されている。

【中】東本願寺【現在】
最寄り駅は、東京メトロ銀座線の田原町駅である。
Higashi Hongan-ji Temple 【present】
The nearest station is Tawaramachi Station on the Tokyo Metro Ginza Line.
【下】東本願寺、大遠忌の風景【1911（明治44）年】
親鸞上人の六百五十年大遠忌で賑わいを見せる、東本願寺の境内。
Scene of the Daionki Ritual in Higashi Hongan-ji Temple 【1911】 The grounds of Higashi Hongan-ji Temple, which is bustling with Shinran's 650th anniversary of the Daionki.

吾妻橋【明治後期】隅田川で最初の鉄橋として、1887（明治20）年に架橋された吾妻橋。
Azumabashi Bridge【late Meiji period】
Azumabashi was constructed in 1887 as the first iron bridge on the Sumidagawa River.

01-9 吾妻橋

【下】吾妻橋【現在】
アサヒビールと東京スカイツリーを背景にした現在の吾妻橋。
Azumabashi Bridge【present】
Azumabashi Bridge today with the Asahi Brewery and the
Tokyo Sky Tree in the background.

吾妻橋【明治中期】
木橋だった頃の吾妻橋。1885（明治17）年の大洪水で流失した。明治中期の名刺判写真。

吾妻橋【明治中期】
木橋だった頃の吾妻橋。1885（明治17）年の大洪水で流失した。明治中期の名刺判写真。

Azumabashi Bridge 【mid-Meiji period】
Azumabashi Bridge when it was a wood bridge. It was washed away in the Great Flood of 1885. A photograph of a business card size from the mid-Meiji period.

吾妻橋【現在】吾妻橋の上は、都道463号（雷門通り）が走っている。
Azumabashi Bridge 【present】 Route 463 (Kaminarimon Street) runs on Azumabashi Bridge.

江戸時代には「大川橋」と呼ばれていた、現在の吾妻橋。その当時はもちろん、木の橋であり、1887（明治20）年に隅田川で初めての鉄橋が誕生している。浅草と本所方面を結ぶ吾妻橋だが、先代の鉄橋は明治中期の架橋であり、橋の幅は狭いためもあって、初期の路面電車（後の市電、都電）には、この吾妻橋を渡るルートは存在せず、厩橋や両国橋を渡っ

て、本所方面に向かっていた。その後、関東大震災後で橋板が焼け落ちた後、修復された吾妻橋には、新たに上流に市電が走る電車橋、人が歩く人道橋が架けられることとなる。1931（昭和6）年には現在の橋が誕生し、ようやく市電が橋の上を通るようになった。

吾妻橋【大正末期】関東大震災後、交通量の増大により電車橋や人道橋が設けられていた。
Azumabashi Bridge 【end of Taisho period】 After the Great Kanto Earthquake, train bridges and pedestrian bridges were added due to the increase in traffic.

吾妻橋【明治中期】
木版画に描かれた鉄橋時代の吾妻橋、両側に歩道が付けられていたのがわかる。
Azumabashi Bridge 【mid-Meiji period】
A woodblock print of Azumabashi Bridge when it was an iron bridge shows sidewalks on both sides.

吾妻橋【現在】
1931（昭和6）年に架橋された、現在の吾妻橋の歩道部分。
Azumabashi Bridge 【present】
The sidewalk part of the current Azumabashi Bridge, which was constructed in 1931.

吾妻橋と市電【大正末期〜昭和戦前期】
隅田川を渡ってきた東京市電と、鉄橋時代の吾妻橋。
Azumabashi Bridge and tram 【end of Taisho period-prewar Showa period】
The Tokyo tram that crossed the Sumidagawa River and Azumabashi Bridge when it was an iron bridge.

01-10 隅田川

隅田川と浅草遠望【明治後期】
隅田川の東岸。向島の枕橋付近から見た対岸、浅草寺付近の遠望。
Distant view of Sumidagawa River and Asakusa 【late Meiji period】 East bank of the Sumidagawa River. A distant view of Sensō-ji Temple on the opposite bank as seen from the Makurabashi Bridge in Mukōjima.

◆隅田川◆

隅田川と言えば、僕が小中学生の頃は公害、環境汚染の代名詞だった。メタンガスが湧き出ていて、もちろん魚や生き物などは一匹たりとも棲めなかった。しかし大正12（1923）年生まれの親父に聞いた話によると、昔はこちらの向島からあちらの浅草まで泳いだもんだ、と。まあ親父の話しはいつも話半分かまあ三割くらいに聞いておくとしても、相当綺麗な川だったらしい。ある時はこんな話も。当時白魚が泳いでいたが、魚も水も透明だったため、どこを泳いでいるのかわからなかった、ですって。その時はさすがに子供ながらに"そりゃないだろ"と。でもそれくらい澄んでいたのは、まんざら嘘でもなさそうだ。

隅田川と浅草遠望【明治後期】
枕橋（山の宿）の舟渡しがあった頃の隅田川、浅草の遠望。
Distant view of Sumidagawa River and Asakusa 【late Meiji period】 A distant view of the Sumidagawa River and Asakusa around when ferries were used for the Makurabashi Bridge (Yama no Shuku).

02 CHAPTER 定番の浅草
Standard in Asakusa

02-1 雷門と仲見世

　正式には「風雷神門」と呼ばれる雷門は、平安時代から浅草寺の玄関口となっており、江戸時代に「雷門」と書かれた提灯が奉納されたことで、そう呼ばれるようになった。しかし、たびたびの火災により焼失、再建を重ね、1866（慶応元）年の焼失以来、1世紀近く正式な雷門の不在が続いていた。ここで紹介する明治から大正、昭和戦前期の絵葉書に見える雷門はいずれも仮設の門である。正式な雷門は戦後の1960（昭和35）年、松下電器産業（現・パナソニック）の創業者、松下幸之助の寄進により再建されている。

仁王門に続く仲見世【大正期】 赤レンガ造りの建物が続いていた関東大震災前の仲見世。
Nakamise shopping arcade connecting to Nio-Mon Gate 【Taisho period】
Nakamise shopping arcade before the Great Kanto Earthquake when red brick buildings lined the road.

元祖雷おこし「常盤堂」のマッチラベル【昭和戦前期】 浅草寺の本堂、五重塔がシルエットになっている元祖雷おこし「常盤堂」のマッチラベル。
Original Kaminari Okoshi "Tokiwado" match label 【prewar Showa period】 A match label of Tokiwado, the original Kaminari Okoshi (Japanese confection), which features the silhouette of the Main Hall and the Five-story Pagoda of Sensō-ji Temple.

【左中】本建築落成の仲見世【1925（大正14）年】 1925（大正14）年に落成した仲見世と、仮の雷門。
Completed construction of Nakamise shopping arcade 【1925】 Completed Nakamise shopping arcade and the temporary Kaminari-Mon Gate in 1925.

【右下】雷門【昭和戦後期】 戦後にようやく復活した正式な雷門。大きな提灯の底には龍の彫刻が施されている。
Kaminari-Mon Gate 【post-war Showa period】
The official Kaminari-Mon Gate finally reconstructed after the war. The bottom of the large lantern is engraved with a dragon.

雷門から仲見世を臨む【明治後期】雷門がなかった時期の浅草広小路。仲見世の入り口付近。
View of Nakamise shopping arcade from Kaminari-Mon Gate 【late Meiji period】 Asakusa Hirokoji Street when there was no Kaminari-Mon Gate. Near the entrance of the Nakamise shopping arcade.

02-2 仮設門の時代

【左中】日露戦争時の浅草凱旋門【明治後期】日露戦争の勝利、将兵の凱旋を祝う浅草の凱旋門。こうした凱旋門は東京市内の各地に建てられた。
Asakusa Arc de Triomphe during the Russo-Japanese War 【late Meiji period】 The Arc de Triomphe in Asakusa celebrates the victory of the Russo-Japanese War and the triumphal return of the generals. These triumphal arches were built in various spots around Tokyo.

【右中】御大典記念の奉祝門【1915（大正4）年】大正天皇の御大典を祝って設けられた奉祝門、雷門前の浅草広小路。
Grand Festival Commemorative Gate 【1915】 A commemorative gate set up to celebrate the enthronement of Emperor Taisho. Asakusa Hirokoji Street in front of Kaminari-Mon Gate.

帝都復興記念の奉祝門【1930（昭和5）年】
帝都復興式典祭を記念して仲見世入り口に設けられた奉祝門。
Imperial Capital Reconstruction Commemorative Gate 【1930】
A commemorative gate set up at the entrance of the Nakamise shopping arcade in commemoration of the Imperial Capital Reconstruction Ceremony.

02-3 雷門の復活

浅草寺の正門といえる雷門は、幕末の1866（慶応元）年に焼失し、戦後の1960（昭和35）年に再建されるまで再建されることはなかった。しかし、その間も仮設門（仮建築）の雷門はたびたび、同じ場所に建築されている。その姿はさまざまで、往時の雷門とは異なる姿のものも見られるが、これは門の不在時においても、この場所が「雷門（前）」という地名になっていたかもしれない。作家・歌人の吉井勇は若き日に「かなしみに堪へがたければ走りたり雷神門に霰たばしる」と詠んでいる。

明治期から再建計画があり、関東大震災後の仲見世復活（1925年）に際しても雷門の復活が企てられ、建築家の伊東忠太が設計図を依頼されたものの、実現することはなかった。このときは急仕立ての仮設門が建てられ、落成法要に向かう行列とともに写された姿を見ることができる。この門は昭和時代も残っており、千社札にまみれた門も絵葉書に残されている。

その後、昭和大礼前（即位の礼）に撤去され、大正大礼時と同様に奉祝門が建てられた。また、1933（昭和8）年の本堂修復に祝う御開帳に際しても仮設門が建てられていた。

雷門【現在】戦後、松下幸之助の寄進により再建された浅草寺の雷門。浅草を巡る人力車の溜まり場となっている。
Kaminari-Mon Gate【present】 Sensō-ji Temple Kaminari-Mon Gate rebuilt after the war thanks to donations from Konosuke Matsushita. It became a port for rickshaw working around Asakusa.

◆雷門◆

現在の雷門と大提灯の費用を寄進されたのは、松下電器産業（現・パナソニック）の創業者、松下幸之助氏。実は僕の芸名である「幸之助」は名前だけでも立派にと、氏にちなんでご本人に無断で頂戴したものである。さらには実家の隣りが電気屋さんで、当時からNationalの立派な看板があった（だからどうした？ってな話だが）。

【左中】仮の雷門【大正末期】
関東大震災から復興した仲見世と仮の雷門。
Temporary Kaminari-Mon Gate【end of Taisho period】
Nakamise shopping arcade and temporary Kaminari-Mon Gate restored after the Great Kanto Earthquake.

【左下】仮の雷門【1933（昭和8）年】
本堂の修築落成に合わせた、御開帳時に設けられた仮の雷門。
Temporary Kaminari-Mon Gate【1933】
A temporary Kaminari-Mon Gate was installed during the Gokaicho Festival at the time of completion of repairs to the Main Hall.

仲見世の賑わい【明治後期】
老若男女で賑わいを見せる仲見世。雷おこしの丸い看板が見える。
Bustling Nakamise shopping arcade 【late Meiji period】
Nakamise shopping arcade is crowded with people of all ages. You can see the round billboard for Kaminari Okoshi.

02-4 仲見世

【中】本建築落成の仲見世【1925（大正14）年】
関東大震災から2年余りたって、本建築で再建された仲見世。
Completed construction for Nakamise shopping arcade 【1925】 The Nakamise shopping arcade was rebuilt two years after the Great Kanto Earthquake.

【下】仲見世【現在】
人のいない珍しい風景は、大正末期の復興完成時の姿と対比しながら眺めることができる。
Nakamise shopping arcade 【present】
You can see a rare scene with no people in contrast to the scene when reconstruction was completed in the end of Taisho period.

【上】仲見世【明治後期】
レンガ造りの建物が続いていた仲見世、大勢の人々が歩いている。
Nakamise shopping arcade 【late Meiji period】
Many people are walking in around the Nakamise shopping arcade lined by brick buildings.

【中】仲見世【1925（大正14）】
落成した仲見世を浅草寺の救護（浅草寺）栄海大僧正一行が練り歩く。栄海大僧正は1918（大正7）年に浅草寺住職となっていた。
Nakamise shopping arcade 【1925】
Head priest Eikai, the protector of Sensō-ji Temple, leads procession through the completed Nakamise shopping arcade. Eikai became a head priest of Sensō-ji Temple in 1918.

　隅田川に架かる吾妻橋から浅草広小路を通って浅草寺の雷門に至ると、ここから浅草寺の参道となる仲見世が始まる。雷門から宝蔵門まで約250メートル続く仲見世は、日本最古の商店街のひとつといわれる。江戸時代の元禄・享保年間（17世紀後半〜18世紀前半）、茶店や土産物店が参道に店を構えたのが始まりとされている。1885（明治18）年、煉瓦造りの近代的な仲見世が誕生。1923（大正12）年の関東大震災で壊滅するまで、その姿を保っていた。この仲見世は震災からの復興も早く、1925（大正14）年には鉄筋コンクリート造りの堂々たる商店街が再び姿を現した。そして、太平洋戦争の焼失をへて再度、復興し現在に至っている。

　この本では明治、大正、昭和（戦前・戦後）というそれぞれの時代の仲見世の姿を絵葉書で紹介する。1925年の復興にあたっては、珍しい人影の見えない風景、落成法要の模様も残されている。平成をへて令和になった今、奇しくもコロナ流行によって、再び人影のない仲見世の風景も撮影できた。

仲見世【昭和戦前期】仲見世を歩く人々の風俗も変わる。パラソルが流行した昭和の風景。
Nakamise shopping arcade 【prewar Showa period】 The changing trends of the people visiting the Nakamise shopping arcade. Scene during Showa when parasols became popular.

仲見世【昭和戦後期】進駐軍兵士と夫人らしき女性が歩く、戦後の仲見世風景。
Nakamise shopping arcade 【post-war Showa period】 A post-war Nakamise shopping arcade scene of a soldier and woman who seems to be his wife walking.

（帝都名所）浅草雷門より蔵前方面を望む
VIEW OF KURAMAYE FROM KAMINARIMON ASAKUSA

【上】仲見世付近【大正期】
仲見世付近から見た浅草、蔵前方面の風景。関東大震災前で、赤レンガの建物も目立っている。
Nakamise shopping arcade neighborhood 【Taisho period】
Scenery of Asakusa and Kuramae seen from around Nakamise shopping arcade. Before the Great Kanto Earthquake, red brick buildings were also notable.

【下】仲見世の裏側【現在】
赤く塗られた統一感のある家並となっている。
The back side of Nakamise shopping arcade 【present】
Houses are painted in red and have a sense of consistency.

◆仲見世◆

子供の頃はとにかく人出が多かったことしか覚えてない。小さな僕にとっての視界は、前後左右ほとんど大人の足やお尻だった。手焼きせんべいや人形焼き、あげ饅頭など食べたい物や見たい店もたくさんあるのに、こんな人混みの中で迷子になったらそれこそエライことだ。それでも雷おこしだけは買ってもらわないことには、帰るに帰れなかったわがままな末っ子でした。

江戸期の最後に隅田川に架けられたのが吾妻橋。下流の廠橋は1874（明治7）年に架橋された。この時期には駒形橋、言問橋がなく、上流には枕橋の渡しが存在していた。隅田川の対岸には麦酒会社があるが、吾妻橋を渡る市電はまだ開通していない。雷門の東側には浅草郵便局が置かれている。既に浅草公園、ひょうたん池の北側には凌雲閣（浅草十二階）が建てられていた。六区の中に見える円形の建物は、日本パノラマ館である。

花屋敷【明治後期】大きな絵看板が掲げられていた花屋敷の玄関。左奥に浅草十二階が見える。
Hanayashiki【late Meiji period】The entrance to Hanayashiki with a large picture billboard. Asakusa Ryōunkaku is visible in the back left.

03 CHAPTER 懐かしの賑わい
Nostalgic Prosperity

03-1
花屋敷1

花やしき【現在】右側に現在の花やしき、入り口や道路は昔の面影を残している。
Hanayashiki【present】
On the right side, the present Hanayashiki, the entrance and the road retain the old style.

花屋敷【明治後期～大正初期】遊園地と動物園を兼ねた施設だった花屋敷。珍客「ペングイン」の看板も掲げられている。
Hanayashiki【late Meiji-early Taisho period】Hanayashiki doubled as an amusement park and a zoo. A rare "Penguin" sign was posted.

◇花屋敷◇

花屋敷と言えば、何と言ってもジェットコースターだ。規模からすると後楽園遊園地や谷津遊園のそれとは全く比べ物にはならない。ただコイツには民家や住宅スレスレを通過していく、と言う独自の怖さがあるのだ。しかも古いからさらにコワイ。ガタゴト言いながら人ン家の壁にぶつかるんじゃないかって、なかなか他では味わえない。あと他には観覧車とお化け屋敷。お化け屋敷も今思えば、かなり子供だましだったような気がするが、それが浅草なんだろうと今になって思う。これぞ、「ザ・日本の遊園地」なのです。

【右中】花屋敷の側面【現在】
Side view of Hanayashiki【present】

【右下】花屋敷【大正期】
お花見の時期の花屋敷前。まだ、浅草十二階が健在だった。
Hanayashiki【Taisho period】
In front of the Hanayashiki during cherry blossom season. Back when the Asakusa Ryōunkaku still existed.

花屋敷の象【明治後期〜大正初期】 2頭の象を眺めるために、大勢の人々が集まっている。
Elephants in Hanayashiki【late Meiji-early Taisho period】
A lot of people gather to see the two elephants.

03-2
花屋敷の象

　明治から大正にかけての花屋敷は、トラやクマなどがいる動物園の色彩が強かったらしい。昭和初期の園内図にも、ライオン、トラ、サルなどとともに、2頭のゾウが並んでいる様子が描かれている。多くの人々がゾウを見物する姿が見えるこの絵葉書は、明治末期から大正初期の風景と思われる。

【中】
花屋敷のカードケース【大正〜昭和戦前期】
白い象とともに「猿のいろいろ」「熊のいろいろ」の文字が見える。
Hanayashiki card case【Taisho-prewar Showa period】 Along with the white elephant, the characters "monkeys" and "bears" are visible.

【下】花屋敷の園内図（部分）
象の小屋の上には、小禽（鳥）が放たれた檻が存在していた。
Hanayashiki garden map【partial】 Above the elephant hut was a cage in which small birds (birds) were released.

【上左】花屋敷の奥山閣【明治後期】花屋敷にあった5階建ての展望塔「奥山閣(鳳凰閣)」。
Ouzankaku at the Hanayashiki 【late Meiji period】
Hanayashiki featured a five-story observatory tower "Ouzankaku (Hououkaku)".

【上右】花屋敷の観覧券（表）
Hanayashiki admission ticket (front)

【右中】花屋敷の観覧券（裏）
Hanayashiki admission ticket (back)

03-3 花屋敷2

花屋敷の大滝【明治後期】花屋敷の中には、人工的な滝も設けられていた。
Waterfall in Hanayashiki 【late Meiji period】 There was also an artificial waterfall in Hanayashiki.

　「花屋敷」と呼ばれる場所はほかにもあるが、そのルーツは浅草だといわれる。もっとも、さらに古いのが現在の向島百花園で、亀戸の梅屋敷に対して、花屋敷と呼ばれていた。現在の遊園地「浅草花やしき」は、同様に1853（嘉永6）年に千駄木の植木商、森田六三郎が造った植物園がルーツで、明治維新後に規模が縮小され、次第に動物や見世物で集客を行うようになったという。その後、遊具を中心とした「浅草楽天地」に変わり、戦時中の閉園をへて再開され、現在のような「浅草花やしき」となった。

花屋敷の入場券【昭和戦前期】
大人40銭、小人20銭だった頃の花やしきの入場料。
Hanayashiki admission ticket 【prewar Showa period】
Admission to Hanayashiki when it was 40 sen for adults and 20 sen for children.

花屋敷のカードケース【大正〜昭和戦前期】
猿、鳥の絵とともに「東洋一東京名物　浅草花やしき」の文字が見える。
Hanayashiki card case 【Taisho-prewar Showa period】
The characters "Best in the East-Tokyo's Famous Asakusa Hanayashiki" can be seen along with pictures of monkeys and birds.

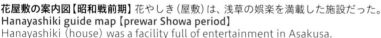

花屋敷の案内図【昭和戦前期】 花やしき（屋敷）は、浅草の娯楽を満載した施設だった。
Hanayashiki guide map 【prewar Showa period】
Hanayashiki (house) was a facility full of entertainment in Asakusa.

花屋敷の割引券【昭和戦前期】
大人40銭、小人20銭の入場料が割引になった。
Hanayashiki discount tickets 【prewar Showa period】
Prices of 40 sen for adults and 20 sen for children were discounted by this ticket.

浅草楽天地案内図【昭和戦前期】
花屋敷は1939（昭和14）年に、浅草楽天地へと名称が変わった。
Asakusa Rakutenchi map 【prewar Showa period】
In 1939, Hanayashiki name was changed to Asakusa Rakutenchi.

浅草公園六区【明治後期〜大正初期】色とりどりの芝居小屋、映画館の幟が観客を招いていた六区の興行街。
Asakusa Park 6th Ward【late Meiji-early Taisho period】
The entertainment district of 6th Ward where colorful flags of theaters and movie theaters attracted visitors.

03-4 興行街

　明治維新後、浅草寺の西側（浅草田圃）には瓢箪池が掘られ、浅草公園が整備された。公園地は一区から六区に区画整理され、一区は浅草寺本堂境内地、二区は宝蔵門一帯、三区は伝法院、四区は瓢箪池、奥山、五区は本堂裏手（花屋敷など）となり、最も西側の六区は興行街となった（後に七区を追加）。このうち、南北に長い六区には芝居小屋（劇場）、見世物小屋などが建ち並び、後には多くが映画館に転じ、日本一の興行街として隆盛を極めた。現在、映画館はすべて閉館したが、浅草演芸ホール、東洋

館、浅草ロック座、木馬亭といった寄席などは興行を続けている。絵葉書に見える御国座は、1924（大正13）年に松竹座と改称し、松竹歌劇団のレビュー劇場となった。

浅草公園六区【明治後期〜大正初期】
浅草六区の中には、猿や犬が芝居する見世物小屋もあった。
Asakusa Park 6th Ward【late Meiji-early Taisho period】
The Asakusa 6th Ward had a showhouse with shows featuring monkeys and dogs.

浅草六区【昭和戦前期】
関東大震災から復興し、賑わいを取り戻した浅草六区の興行街。
Asakusa 6th Ward【prewar Showa period】
The entertainment district of Asakusa 6th Ward restored and regained its liveliness after the Great Kanto Earthquake.

03-5 六区

浅草六区【現在】
全国各地の地産セレクトグルメを扱う「まるごとにっぽん」が右手に見える。
Asakusa 6th Ward【present】
On the right you can see "Marugoto Nippon," which offered select gourmet produce from around Japan.

浅草の珍世界【明治後期】
六区では、珍しい博物標本を展示する「珍世界」が人気を集めていた。
Chinsekai (rare world) in Asakusa 【late Meiji period】
In the 6th Ward Chinsekai exhibiting rare specimens was popular.

浅草六区【現在】
浅草ロック座が入るビルが建つ、現在の六区の風景。
Asakusa 6th Ward 【present】
The current scene of the 6th Ward, where the building containing Asakusa Rock Theater stands.

◇六区◇

大人になるまでは、あまりこの辺りに来た覚えはない。映画を見るのは錦糸町の楽天地か地元の吾妻国際だったし、落語は上野鈴本だったから。ピンク映画にストリップはさすがに子供には無縁でした。大人になってから歩く六区通りは、絵葉書で見るような賑わいはすでになく、栄華を極めていた東京下町の郷愁を味わうべく、ただ当てもなく歩いていたような気がします。まだ浅草ROXが出来る前の話です。

浅草六区【昭和戦前期】左に大東京、右に常盤座があった六区の入り口付近。右手前は笹野鮨。
Asakusa 6th Ward【prewar Showa period】 Near the entrance to 6th Ward, where Dai-Tokyo theater was on the left and Tokiwaza theater was on the right. Sushi restaurant, Sasano-zushi was on the right front.

03-6劇場

世界館【大正期】
ひょうたん池に面して建っていた劇場「世界館」。
Sekaikan (world pavilion)【Taisho period】
The Sekaikan theater built facing Hyotan-ike pond.

【右中】浅草六区【現在】
観光客を意識した「浅草六区通り」の標示塔が設けられている。
Asakusa 6th Ward【present】 A sign tower for "Asakusa 6th Ward Street" was built for tourists.

【右下】アウル館【1912（大正元）年】
1912（大正元）年に開館。後にキリン館を経て、観音劇場となったアウル館。フクロウ（アウル）がデザインされた絵葉書。
Aulukan (owl building)【1912】 Opened in 1912, the Aulukan was later known as the Kilinkan (giraffe building) and then Kannon Theater. A postcard with an owl design.

松竹座【昭和戦前期】関東大震災後に御国座から改称した松竹座。松竹少女歌劇などを上映していた。
Shochikuza Theater【prewar Showa period】Shochikuza was renamed from Mikuniza after the Great Kanto Earthquake. The Shochiku Girl's Opera and other works were shown.

ドン・キホーテ【現在】
大勝館の跡地は現在、ドン・キホーテ浅草店となっている。
Don Quixote (discount store)【present】
The site of the former Taishokan theater is now Don Quijote Asakusa.

御国座【大正期】大正時代、歌舞伎、新派劇などを上演していた御国座。
Mikuniza Theater【Taisho period】Mikuniza was used to perform Kabuki and Shinpa drama during the Taisho era.

浅草演芸ホール【現在】
浅草に残ったただひとつの寄席、浅草演芸ホール。落語や漫才、講談などが楽しめる。
Asakusa Engei Hall Theater【present】
The Asakusa Engei Hall is the only one vaudeville theater still remained in Asakusa. You can enjoy Rakugo, Manzai, and Koudan (storytelling).

　六区の芝居小屋、劇場、映画館のついて語るには、いささか紙面に余裕がない。そのひとつ、常盤座は、浅草六区の最初の劇場で、1887（明治20）年に開場した。その後、映画の上映も始まり、大正中期には浅草オペラの本拠地のひとつとなった。関東大震災後に復興すると、今度は古川ロッパらの劇団「笑いの王国」の根城となり、映画上映も行われていた。1991（平成3）年に閉館となり、現在はROX3となっている。

　1903（明治36）年、吉沢商店が日本で初めての活動常設上映館としてオープンさせたのが電気館である。ここにはもともと「電友館」という見世物小屋があって改称したものだったが、「電気館」という名称はこの後、全国で名乗る映画館が続出する。映画館としては1976（昭和51）年に閉館し、現在は複合施設「電気館ビル」となっている。

【左上】金龍館【昭和戦前期】
1911（明治44）年に開場。浅草オペラの本拠地だった金龍館。
Kinryukan theater
【prewar Showa period】
Opened in 1911. Kinryukan was the home of the Asakusa Opera.

【右上】ROX 3【現在】
金龍館のあった場所が再開発されて誕生したROX 3。
ROX 3 (commercial facility)【present】
ROX 3 was born by redeveloping the site of the former Kinryukan theater.

【右中】電気館ビル【現在】
「電気館」の名称を冠した商住複合施設となった電気館ビル。
Denkikan Building【present】
Denkikan Building is a commercial and residential complex called "Denkikan".

【左下】電気館【大正期】
1903（明治36）年、日本初の映画専門劇場として誕生した電気館。
Denkikan（movie theater）【Taisho period】 In 1903, Denkikan was opened as Japan's first theater specialized in film.

浅草公園水族館【明治後期】日本初の私設水族館は、後に2階がカジノ・フォーリーの本拠地となった。
Asakusa Park Aquarium【late Meiji period】 The second floor of Japan's first privately operated aquarium later became the home of Casino Foley.

街角の水族館（ケース）【現在】
こちらはドン・キホーテの正面に展示してある水槽。
Aquarium on the city corner (case)【present】
An aquarium displayed in front of Don Quixote.

木馬亭・木馬館【現在】
浅草の灯を守って、浪曲、大衆演劇を上演している木馬亭と木馬館。浅草は大衆芸能の灯を守っている。
Mokubatei/Mokubakan【present】
Mokubatei and Mokubakan maintain the aura of Asakusa as a home for performing popular songs and popular plays. Asakusa protects the tradition of popular performing arts.

03-7 水族館

　1899（明治32）年に日本初の私設水族館として誕生した「浅草公園水族館」。地下に食堂、2階に余興場を備え、15室の水槽があって、海水魚のためには千葉から海水を運んでいた。しかし、「水族館」の存在を有名にして、後世に伝えたのが余興場で、ここで活躍した榎本健一（エノケン）一派の「カジノ・フォーリー」は、川端康成が『浅草紅団』で描いたことで広く世間に知られるようになった。

　『モダン・TOKIO円舞曲』は1930（昭和5）年、春陽堂から発行された「世界大都会尖端ジャズ文学」叢書の第1冊で、「新興芸術派十二人」と呼ばれた川端康成、堀辰雄、吉行エイスケ、龍胆寺雄らの作品が集められた小説集である。ここには、当時の都会風俗が若手作家によって鮮やかに描かれており、川端の『浅草紅団』や堀の『水族館』などが浅草を舞台にした作品だった。『浅草紅団』はもともと「東京朝日新聞」や雑誌『改造』『新潮』に連載されたもので、この『モダン・TOKIO円舞曲』に部分的に収められた後、単行本『浅草紅團』として刊行されている。

水族館の割引券
【大正期】
Aquarium discount ticket【Taisho period】

浅草公園ルナパーク【明治後期】短時間の営業だった浅草公園ルナパーク。奥に浅草十二階が見える。
Asakusa Park Luna Park【late Meiji period】
Asakusa Park Luna Park was open for a short time. You can see the Asakusa Ryōunkaku in the background.

浅草公園ルナパークの滝【明治後期】
売り物のひとつだった高さ15メートルの人工の山と瀑布。
Waterfall in Asakusa Park Luna Park 【late Meiji period】
The 15-meter artificial of mountains and waterfalls were popular attractions.

03-8
ルナパーク

浅草公園ルナパークの招待券【大正期】
遊園地のルナパークが閉園された後も、株式会社のルナパークは存在していた。
Asakusa Park Luna Park complimentary ticket【Taisho period】
Luna Park Corporation still existed even after the amusement park Luna Park closed.

　ルナパークの本家はニューヨーク・コニーアイランドの遊園地で、日本では大阪・新世界のルナパークが有名である。しかし、浅草にも短期間であるがルナパークが存在し、後に大阪に移ったのである。この浅草のルナパークは、1910（明治43）年9月に「日本パノラマ館」の跡地に誕生。「月の遊園地」として夜間営業も行っていたが、1911（明治44）年4月に漏電がもとで焼失した。このルナパークの名物は、高さ15メートルの人工の山と瀑布（滝）だった。

浅草寺（浅草観音）、浅草公園には一区〜六区の区分けが表示されているが、明治期の地図にあった六区の日本パノラマ館は見えない。このパノラマ館は1890（明治23）年から1909（明治42）年までの短期間、存在していた。一方、凌雲閣（浅草十二階）、花屋敷は健在であり、北側を走る現・言問通りは拡張されていることがわかる。この先、隅田川を渡る言問橋が架けられるのは、関東大震災後の1928（昭和3）年である。

観音遠望と２両の路面電車【明治後期】
浅草寺を背景にして走る２両の路面電車。手前は駒形橋西詰。
Distant view of Kannon and two trams 【late Meiji period】
Two trams that run with Sensō-ji in the background. In the front is Komagatabashi Nishizume.

04
CHAPTER

浅草の電車
Train in Asakusa

04-1

馬車から電車へ

雷門前の鉄道馬車【明治中期】
雷門前ですれ違う２両の鉄道馬車。1882（明治15）年に、東京馬車鉄道が浅草にも路線を延ばした。
A horse-drawn tram in front of Kaminari-Mon Gate 【mid-Meiji period】 Two horse-drawn trams pass each other in front of Kaminari-Mon Gate. In 1882, the Tokyo horse-drawn tram route was extended to Asakusa.

　東京という街に馬車鉄道が走ったのは、明治中期の1882（明治15）年。当初は新橋〜日本橋間であったが、年内に浅草・雷門前まで延伸している。このとき、浅草に至る路線は、万世橋・上野経由と浅草橋・蔵前経由の2本の路線が存在し、雷門前（上野広小路）で結ばれる形であった。この東京馬車鉄道は、やがて品川馬車鉄道を合併して、浅草〜上野〜日本橋〜新橋〜品川間が同社の路線となった。しかし、京都の街からスタートした、市街電車（市電）の隆盛は東京にも訪れる。この東京馬車鉄道は、東京電車鉄道と社名を改めて、馬車から電車への方向転換を余儀なくされた。さらに東京市街鉄道、東京電気鉄道と合併する形で、1906（明治39）年に東京鉄道（東鉄、後の東京市電）が誕生する。

雷門前付近の市電【昭和戦前期】
雷門前、浅草広小路の雑踏。2両の市電が見える。
A tram near Kaminari-Mon Gate 【prewar Showa period】
A crowd in Asakusa Hirokoji Street and in front of Kaminari-Mon Gate. Two trams are visible.

04-2 雷門前交差点

◇都電◇

子供の頃は東武線で松屋まで出るのが普通でしたが、たまに気まぐれで福神橋から浅草通りを走る都電で行く事もありました。確か柳島と言う停車場だったと思うのですが、我が家からはまず明治通りまで出て、亀戸に向かって歩くと、子供の足だと軽く10分以上はかかったと思う。そう言えば、当時はトロリーバスも同じ道を走っていて、確か上野に行く時はこのトロリーバスを利用していた気がする。架線が空に向かって縦横無尽に張り巡らされ、たまにパチパチと火花が散っていたのをバスの窓から見ていたのを覚えている。

【右中】雷門前交差点【現在】
雷門前のスクランブル交差点、「新型コロナ」以前は大勢の外国人観光客が行き交っていた。
Intersection in front of Kaminari-Mon Gate 【present】
Prior to the novel coronavirus, the scramble intersection in front of Kaminari-Mon Gate saw many foreign tourists coming and going.

【右下】浅草広小路の市電【昭和戦前期】
交通量が増加した昭和戦前期には、浅草の市電は交差点で列を成していた。
A tram in Asakusa Hirokoji Street 【prewar Showa period】 Prewar Showa period saw increased traffic volume, resulting in a line of trams in Asakusa.

雷門前交差点の路面電車【明治後期】この時期、浅草の路面電車は雷門前の交差点で大きくカーブしていた。
Tram at the intersection in front of Kaminari-Mon Gate 【late Meiji period】
During this period, the Asakusa tram made a big curve at the intersection in front of Kaminari-Mon Gate.

浅草広小路（雷門通り）【現在】
奥は雷門1丁目交差点で、国際通りが南北に走っている。
Asakusa Hirokoji Street (Kaminarimon Street) 【present】
In the background is the Kaminarimon 1-chome intersection.
Kokusai Street runs north and south.

04-3
雷門通り

【右中】浅草広小路（雷門通り）【現在】
奥にあった東本願寺の伽藍は見えなくなっている。
**Asakusa Hirokoji Street (Kaminarimon Street)
【present】**
The Higashi Hongan-ji Temple structures in
the back is no longer visible.

【左下】雷門通りの市電【大正前期】
雷門通りを走る市電、震災前の家並みが見える。
**Tram in Kaminarimon Street
【early Taisho period】**
Visible are trams running along Kaminarimon
Street and the view of homes before the
earthquake.

浅草広小路【大正末期〜昭和戦前期】自転車が走る浅草広小路。バラックが建つ関東大震災後の風景であろう。
Asakusa Hirokoji Street【end of the Taisho-prewar Showa period】Bicycles running along Asakusa Hirokoji Street. The Barracks suggest a scene from after the Great Kanto Earthquake.

04-4
浅草広小路

　雷門通りはその名の通り、浅草のシンボルである雷門の前を東西に走る浅草のメイン・ストリート。西は国際通りの交差点で、東は吾妻橋交差点となっている。この場所は、江戸時代から浅草広小路と呼ばれる繁華な場所で、道の両側には商店、飲食店などが軒を連ねていた。その後、雷門通りとして、路面電車（東京市電・都電）が通る道路となった。

【中】吾妻橋交差点付近【現在】
神谷バーのレトロなビルが建っている吾妻橋交差点付近。
Around Azumabashi Bridge intersection 【present】
The Azumabashi intersection where the retro building of Kamiya Bar stands.

【下】雷門通りの市電【昭和戦前期】
雷門通りを走る市電。奥に地下鉄ビル（駅）が見える。
Tram in Kaminarimon Street 【prewar Showa period】
A tram running along Kaminarimon Street. A subway building (station) can be seen in the back.

隅田川と江戸通り【昭和戦前期】隅田川に沿って走る江戸通りと市電が見える。
Sumidagawa River and Edo Street 【prewar Showa period】
You can see Edo Street and a tram running along the Sumidagawa River.

【左中】松屋浅草店と市電【昭和戦前期】
松屋浅草店の横、江戸通りを走る市電（絵葉書の部分）。
Matsuya Asakusa store and tram
【prewar Showa period】
A tram that runs along Edo Street next to the
Matsuya Asakusa store (portion of a postcard).

【右中】浅草付近の市電地図【昭和戦前期】
雷門、吾妻橋西詰ほかの停留場があった東京市電の地図。
A tram map near Asakusa 【prewar Showa period】
Map of Tokyo tram, which stopped at Kaminari-Mon Gate,
Azumabashi Nishizume and other locations.

04-5 街と市電

　浅草の市電（都電）といえば、雷門通りを走る姿が多く写されている。しかし、初期の頃には雷門前でL字にカーブして、現在の駒形橋方面に向かっていた。つまり、東側の吾妻橋方面に向かう線路がなかったのである。当然のことながら、明治から大正にかけて幅の狭かった、吾妻橋（先代）を渡る電車の姿は見られない。その後、現在の吾妻橋が完成するまでの大正後期から昭和初期にかけて、隅田川を渡る市電は吾妻橋の横に架けられた鉄道橋の上を走っていた。

　この市電が開通したのは、関東大震災から半年がたった1924（大正13）年2月29日である。この浅草通りを走る市電は柳島を通って、戦後には亀戸駅に近い福神橋まで延びていた。

　また、隅田川に沿った江戸通りを吾妻橋西詰（松屋前）から北の花川戸方面に向かう路線は、1908（明治41）年4月に開通している。当初は浅草までだったが、1921（大正10）年3月に駒形2丁目まで延伸して、浅草橋方面とも結ばれた。

1923（大正12）年の関東大震災をへて、浅草周辺の地図は大きく変化している。隅田川の浅草河岸には隅田公園が整備され、吾妻橋を渡る市電も開通している。大震災からの復興事業として、駒形橋、言問橋が架けられている。一方、明治・大正期の浅草名所だった凌雲閣（浅草十二階）は姿を消した。現・国際通りの西側にあった萬隆寺などの寺院・墓地は整理されている。その西側には、浅草高等女学校（現・台東高等学校）が存在した。

05 CHAPTER 十二階八景
Ryōunkaku Hakkei

浅草十二階【明治後期】
東京名所となった浅草十二階では美人写真、戦争ジオラマなどが展示されていた。
Asakusa Ryōunkaku【Late Meiji period】
Asakusa Ryōunkaku, which became a famous spot in Tokyo, had exhibits featuring photographs of beautiful women and war diorama.

浅草十二階【大正期】池との間に劇場が誕生し、絵看板が掲げられていた頃の浅草十二階。
Asakusa Ryōunkaku【Taisho period】
The Asakusa Ryōunkaku when a theater was created between the pond and featured billboards.

◆浅草十二階◆

浅草十二階、いわゆる凌雲閣に突如ハマったのは何だったのか、自分でも七不思議のひとつだ。今から２０年近く前だろうか。きっかけはたまたま見た明治時代の手彩色写真だったと思う。それから何かにとりつかれたように資料、写真、絵葉書を集め始める。元々が興味を持ったらとことんイク性格なので、ツアーの移動中も、楽屋、ホテルでもその手の本や資料を読み漁った。ただ何故か子供の頃の仁丹ビルの記憶がほとんどないのだ。記憶はないのだがどこかにそのおぼろげな姿は見ていたのかもしれない。

05-1 凌雲閣

【下】浅草十二階の赤レンガ
ビルの工事現場から発掘された、浅草十二階（凌雲閣）の赤レンガ。
Red bricks of the Asakusa Ryōunkaku
The red bricks of the Asakusa Ryōunkaku were excavated from the construction site of a building.

六区から見た浅草十二階【明治後期】ひょうたん池の横に続く、六区の通りから見た浅草十二階。
Asakusa Ryōunkaku seen from the 6th Ward 【late Meiji period】
The Asakusa Ryōunkaku seen from the street of the 6th Ward, along the Hyotan-ike pond.

浅草六区の通り【現在】
現在の浅草六区の通りの奥に、浅草十二階がそびえていた。
Street in Asakusa 6th Ward 【present】
The Asakusa Ryōunkaku stood in the back of the current Asakusa 6th ward street.

関東大震災後の浅草十二階【1923（大正12）年】
関東大震災で上部が倒壊した浅草十二階の惨状。
Asakusa Ryōunkaku after the Great Kanto Earthquake 【1923】 The sad condition of the upper part of the Asakusa Ryōunkaku, which collapsed due to the Great Kanto Earthquake.

05-2 十二階双六

幼年画報十二階スゴロク【1920（大正9）年】
日本一の高塔に昇る早さを競った大正時代、雑誌の付録
だった子ども向けの双六。
Yonen Gaho Asakusa Ryōunkaku Sugoroku【1920】
A children's boardgame (sugoroku) included with
a magazine in the Taisho period when people
competed for the fastest times climbing Japan's
tallest tower.

◆十二階双六◆

浅草十二階。どこか懐かしく、なんでこんなに
心の琴線に触れるのか、自分でも不思議だった
のだが、一つだけ腑に落ちたことがあった。今
から46〜7年ほど前になるのだが、僕らアル
フィーがプロデビューした頃、たまたま事務所
の棚にあった一枚のあるレコードに出会う。そ
のレコードジャケットがやけに印象的で何年も
ずっと気になっていた。それは事務所の社長率
いる「ザ・スパーダース」の「明治百年すぱいだー
す七年」というLPだった。ご存知「ザ・スパイダー
ス」は堺正章さん、井上順さん、かまやつひろし
さん等が在籍したスーパーグループだったのだ
が、そのレコードジャケットには古くさいレンガ
造りのビルの窓からそのメンバーそれぞれが顔
を出している不思議なデザインだった。何か不
思議だけど妙に懐かしく、気になるジャケット
だったのだ。それから数十年が経ち、突如ハマっ
た十二階の資料を調べる中、ある木版画の双六
を見た時の驚きと言ったら・・。まさにその双
六絵にコラージュを施したのが、僕がずっと気
になっていたそのレコードジャケットだったの
です。まさかの発見に何かしらの縁を感じ、さ
らに十二階への沼にハマって行くのでした。ち
なみにこの写真の双六はまたそれとは違うもの
なのですが、いずれにしてもどこかしら自分の
DNAに刻み込まれた記憶が蘇る気がします。

**幼年画報第15巻第3号
【1920（大正9）年】**
「色々ヅクシ」と名付け
られた、十二階スゴロ
クの表紙部分。
**Yonen Gaho Vol.15
No.3【1920】**
The cover part of the
Asakusa Ryōunkaku
Sugoroku, called "A
Bit of Everything
(iroiro zukushi)".

浅草十二階【明治後期～大正前期】
十二階の横には、1912（明治45）年に浅草
国技館が開館した。
Asakusa Ryōunkaku
【late Meiji-early Taisho period】
Next to the Asakusa Ryōunkaku, the
Asakusa Kokugikan Hall opened in 1912.

ひょうたん池跡【現在】
埋め立てられたひょうたん池跡から、十二
階跡を見た風景。
Hyotan-ike pond Site【present】
A view of the Asakusa Ryōunkaku site
from the reclaimed Hyotan-ike pond
site.

05-3 凌雲閣2

◇浅草の赤レンガ◇

2018年の2月。突然信じられないニュースが入った。十二階の遺構が見つかったと言うのだ。浅草二丁目のビル工事現場の基礎工事中、掘り返した場所から当時の十二階のレンガやコンクリートと思われる土台が出土したと。過去に一度、十二階の跡地を拝みに行こうと、ひさご通りを歩き大体のところまでは調べたのだが、結局場所の特定はできず諦めて帰ったことがあった。その時の失望感がよみがえり、今回は何があろうとすぐに行くしかないと次の朝、仕事前に浅草に飛んだのだ。現場監督らは、まだ事の重大さに気付いていないのか、あるいはまるで興味がないのか、掘り出したレンガをトラックに無造作に積んでいる。そこですかさず頂いても良いですかと聞くと、いくらでも持って行って良いよ、どうせ廃棄するんだし、と。それでは、と持てるだけを車に積み、今は我が家のベランダに無造作に積まれているのであります。僕が行った後にツイッターやSNSで話題になったらしく、かなりの人が集まり、ちょっとした騒ぎになってしまったようだ。自分にとっても歴史的にも非常に貴重な遺跡を提供して下さった、この土地の所有者に心よりの感謝を申し上げます。

浅草十二階【明治後期】
ひょうたん池の水面に姿を映していた
浅草十二階。
**Asakusa Ryōunkaku【late Meiji
period】** The Asakusa Ryōunkaku
reflects its appearance on the
surface of the Hyotan-ike pond.

十二階のエレベーター【大正期】
浅草十二階には、日本初の電動式エレベーターが設置されていた。
Elevator of the Asakusa Ryōunkaku 【Taisho period】
Japan's first electric elevator was installed in the Asakusa
Ryōunkaku.

浅草十二階を訪れた台湾の人々【大正期】
日清戦争後、日本の領土となった台湾の先住民の一団が東京を訪れた
ときの一コマ。
Taiwanese people visiting the Asakusa Ryōunkaku 【Taisho period】
A scene of a Taiwanese group visiting Tokyo when Taiwan was
under Japanese rule following the Sino-Japanese War.

　歌人の石川啄木は浅草十二階（凌雲閣）に登った日について、こう歌っている。「浅草の凌雲閣のいただきに　腕組し日の長き日記かな」。啄木は塔下苑と名付けた、十二階下の私娼窟に通っていたことで知られており、この高塔に特別な思いがあったのかもしれない。

　画家でもあった竹久夢二は「浅草の十二階より見渡せば御代は聖代文明開化」と、いささか素気ない表現をしている。その昔、江戸に来て「花の雲鐘は上野か浅草か」と呼んだ俳人、松尾芭蕉のような心境だったのか。もうひとり、妻が浅草の料亭の看板娘だった、作家の吉井勇の一首も紹介しておこう。「これやこのピサの斜塔にあらねども　凌雲閣はなつかしきかな」。当時の人々にとって、浅草十二階はパリのエッフェル塔ではなく、ピサの斜塔のような存在だったのだろうか。

飛行機から見た十二階【大正期】
下右の絵葉書の部分拡大。
The Asakusa Ryōunkaku seen from an airplane 【Taisho period】
Partially enlarged postcard on the
bottom right.

浅草十二階付近の航空写真【大正期】
右手にひょうたん池、中央やや上に浅草
十二階が見える。
**Aerial photograph near the Asakusa
Ryōunkaku 【Taisho period】**
You can see Hyotan-ike pond on your
right and the Asakusa Ryōunkaku
slightly above the center.

浅草十二階と飛行機【大正期】
三河島（現・荒川区）付近を飛行していた初期の飛行機と浅草十二階。
Asakusa Ryōunkaku and airplane 【Taisho period】
The early days airplane flying around Mikawashima (now Arakawa Ward) and the Asakusa Ryōunkaku.

05-4
塔の上に

◇ 十二階と飛行機 ◇

1890年（明治23年）当時に、52メートルの塔は日本で一番高い建築物と言われていました。僕も含め現代の人たちにはピンと来ないかもしれませんが、ビルもマンションもない時代です。それはそれは、とんでもない眺めだったことでしょう。さしずめ今で言うスカイツリーの展望台か。10倍以上の差はあるものの、時代背景から考えるとそれ位のインパクトはあるかもしれません。

十二階上の人々と飛行機
【大正期】
浅草十二階の頂上付近から曲金（高砂）奥戸付近の飛行機を見る人々。
People at the Asakusa Ryōunkaku and an airplane 【Taisho period】
People looking at planes near Magarikane (Takasago) Okudo from the top of the Asakusa Ryōunkaku.

浅草公園の池【大正期】浅草公園の池畔でくつろぐ人々。池の向こうには浅草十二階。
Asakusa Park Pond 【Taisho Period】
People relaxing on the shore of Asakusa Park. Beyond the pond is the Asakusa Ryōunkaku.

05-5
凌雲閣3

　浅草にあった高塔「凌雲閣」は、12階の建物であることから「浅草十二階」と呼ばれていた。1890（明治23）年、お雇い外国人の技術者、ウィリアム・K・バルトンの設計で建てられた。「東京百美人」という美人コンテストの実施や、日本最初の電動式エレベーターが設置されたことでも有名だったが、1923（大正12）年の関東大震災で8階から上が崩壊し、爆破解体されて姿を消した。2018（平成30）年2月、ビルの工事現場から建物基礎の赤レンガとコンクリートの土台の一部が発見されて話題になった。

【中】浅草公園のひょうたん池跡【現在】
大正期の池畔はおそらくこの付近。
Remnants of Hyotan-ike pond in Asakusa Park 【present】
The shore of the Taisho period pond was likely in this area.

【下】仁王門から見た浅草公園【大正期】
浅草公園の向こうには、浅草十二階がそびえていた。
Asakusa Park seen from Nio-Mon Gate 【Taisho period】
On the other side of Asakusa Park was the towering Asakusa Ryōunkaku.

上野公園から浅草方面の遠望【明治後期〜大正前期】浅草方面には、浅草寺や東本願寺とともに浅草十二階があった。
A distant view from Ueno Park towards Asakusa [late Meiji-early Taisho period] In the direction of Asakusa, the Asakusa Ryōunkaku stood along with Sensō-ji Temple and Higashi Hongan-ji Temple.

【中】上野の凌雲橋から浅草方面の遠望【明治後期〜大正前期】
上野公園の凌雲橋から浅草方面を眺める人々。正面に凌雲閣(十二階)。
A distant view from the Ryounbashi Bridge in Ueno to Asakusa [late Meiji-early Taisho period]
People looking at Asakusa from Ryounbashi Bridge in Ueno Park. Asakusa Ryōunkaku is in front.

05-6
凌雲閣遠望

◇十二階を遠くから◇ 眺める

当時はきっと都内の高台や台地のどこから眺めても、浅草十二階だけはポツンとそびえ立っていたことでしょう。逢引き中のアベックはそれを指さし、あのあたりが浅草なのか、今度遊びに行こうね、なんて話していたのかもしれませんね。まだまだ東京に空があった頃の話です。

【下】上空から見た浅草公園、十二階【大正前】
浅草公園のひょうたん池、手前に十二階の頂上部分が見える。
Asakusa Park seen from above, Asakusa Ryōunkaku [before Taisho period]
You can see the summit of the Ryōunkaku in front of Hyotan-ike pond in Asakusa Park.

松屋浅草店と浅草の街【昭和戦前期】
上空より見た松屋浅草店と浅草の街。右上に浅草小学校が見える。
Matsuya Asakusa store and Asakusa town【prewar Showa period】
The Matsuya Asakusa store and the Asakusa cityscape seen from above. Asakusa Elementary School can be seen in the upper right.

06 モダン浅草

Modernn Asakusa

06-1 松屋と東武線

◇東武線◇

浅草に行くには東武線を使うことが多かった。東武亀戸線は亀戸から曳舟まで駅がたったの5つしかない、こじんまりとした路線だ。秩父出身のウチの桜井賢が初めて我が家に遊びに来た時、この2両の電車のあまりの規模の小ささに大笑いしていた。ちなみに奴の実家は武州中川駅という秩父鉄道のかなり田舎駅なので五十歩百歩、いや少なくともこちら東京だ、などと無駄な争いをしていたのを思い出した。東あずま駅か小村井駅から曳舟駅までは1駅か2駅だ。曳舟で乗り換えると、またそこから2つ目で浅草に着く。1つ目は当時の「業平橋駅」。今をときめく「とうきょうスカイツリー駅」だ。あの当時、全国的にはマイナーな（失礼！）業平橋や押上がこんな街になるなんて、いったい誰が想像しただろうか。

【中】上空より見た浅草と隅田川【昭和戦前期】
雷門通りには地下鉄ビル、神谷バーのビルが見える。
Asakusa and Sumidagawa River seen from above【prewar Showa period】
You can see the subway building and Kamiya Bar building on Kaminarimon Street.

【下】松屋浅草店より見た隅田川
隅田川に架かる東武橋梁と言問橋、手前には隅田公園が続いている。
The Sumidagawa River seen from the Matsuya Asakusa store
The Tobu Railway Bridge and Kotototibashi Bridge over the Sumidagawa River, with Sumida Park in front.

52

松屋屋上遊園地の航空艇【昭和戦前期】松屋屋上のスポーツランドにあったロープウェイ「航空艇」。
Aviation boat in Matsuya rooftop amusement park 【prewar Showa period】
A ropeway "Aviation boat" in Sportsland on the Matsuya rooftop.

【中】松屋屋上遊園地と航空艇のチケット【昭和戦前期】
「AIR SIGHT SEEING TRIP」と書かれた航空艇のチケット。
Matsuya Rooftop Amusement Park and Aviation boat Ticket 【prewar Showa period】 Ticket for an aviation boat printed with "AIR SIGHT SEEING TRIP".

【左下】航空艇を描いた松屋浅草店のスタンプ【昭和戦前期】
Matsuya Asakusa store's stamp depicting an aviation boat 【prewar Showa period】

【右下】屋上遊園地の娯楽施設をかたどった松屋浅草店のスタンプ【昭和戦前期】
Matsuya Asakusa store's stamp that shaped the entertainment facility of the rooftop amusement park 【prewar Showa period】

06-2
屋上飛行塔

◇松屋屋上遊園地◇

松屋に着くとまずは屋上に直行した。子供の頃の話なので、仲見世や雷門に行くより松屋の屋上で遊ぶことが最優先だった（もちろんおもちゃ売り場もいつものコース）。ただ僕の記憶が当てにならないのは、上野の松坂屋との記憶がオーバーラップしていて、大食堂のソフトクリームは上野？電気自動車は松屋だっけ？鬼のおへそにボールを当てると大当たり〜だったのは？どんな遊具がどちらにあったのか・・・。いずれにせよ小学生だった僕のホーム、行動範囲は日本橋や銀座、ましてや渋谷、新宿であるはずもなく、せいぜいこの浅草か上野までだったのです。

松屋浅草店【現在】
昔から変わらない姿を見せている松屋浅草店。
Matsuya Asakusa store 【present】
Matsuya Asakusa store, which remains unchanged over the years.

松屋浅草店【昭和戦前期】
1931（昭和6）年に竣工した松屋浅草店。地上7階の堂々たる建物だった。
Matsuya Asakusa store 【prewar Showa period】
Matsuya Asakusa store completed in 1931 represented a magnificent building with 7 above ground floors.

【左中】松屋屋上遊園地、ベビーモーターカーのチケット【昭和戦前期】
Ticket for Matsuya rooftop amusement park, baby motor car 【prewar Showa period】
【右中】松屋屋上遊園地、ベティハウスのチケット【昭和戦前期】
Tickets for the Matsuya Rooftop Amusement Park, Betty House 【prewar Showa period】

【左下】松屋屋上の豆汽車【昭和戦前期】昔なつかしい、子どもたちのあこがれの的だった屋上遊園地を走る豆汽車。
Matsuya rooftop mini steam locomotive 【prewar Showa period】 Nostalgic mini steam locomotive, the dream of young children, runs along the rooftop amusement park.
【右下】松屋屋上のスポーツランド【昭和戦前期】浅草の百貨店、松屋屋上に誕生した、日本初の遊園地は「屋上スポーツランド」と名付けられていた。
Matsuya Rooftop Sports Land 【prewar Showa period】 The first amusement park in Japan, which was created on the rooftop of the Matsuya Asakusa department store, was named "Rooftop Sportsland."

吾妻橋の地下鉄出入口【現在】
浅草寺をイメージして、赤く塗られている。
Azumabashi Bridge subway entrance 【present】 Painted red in the image of Sensō-ji Temple.

浅草駅の地上出入口【昭和戦前期】
開通を祝う緑の飾り、国旗が掲げられている地下鉄出入口（浅草乗車口）。
Asakusa Station ground entrance 【prewar Showa period】
Subway entrance (Asakusa boarding gate) with a green decoration and a national flag celebrating the station opening.

06-4 地下鉄入口

　浅草に地下鉄がやってきた。それは1927（昭和2）年の12月のこと。東洋初の地下鉄となった、東京地下鉄道（現・東京メトロ）の浅草〜上野間が開通したのである。起終点駅の浅草駅はもちろん、途中駅の田原町、稲荷町駅も、浅草に近い場所に置かれている。この地下鉄はまもなく神田方面、やがて銀座、渋谷へと延伸したが、浅草こそ日本の地下鉄の故郷といっていいだろう。この区間の地下鉄の駅のここそこには、いまも当時の面影がわずかに残っている。駅を利用するたび、昭和モダンの雰囲気を感じる人も多いことだろう。

吾妻橋の地下鉄出入口【昭和戦前期】
浅草寺にちなんだ寺院建築風の地下鉄出入口。現在もほぼそのままの形で残っている。
Azumabashi subway entrance 【prewar Showa period】 A subway entrance in the style of a temple, named after Sensō-ji Temple. Today the entrance maintains nearly the same appearance.

浅草駅のホームと電車【昭和戦前期】1927（昭和２）年の暮れに開業した東京地下鉄道（現・東京メトロ銀座線）の浅草駅と電車。
Asakusa Station platform and train 【prewar Showa period】 Asakusa Station and trains on the Tokyo Subway (currently the Tokyo Metro Ginza Line), which opened at the end of 1927.

06-5 地下鉄

上野浅草間開通記念、稲荷町駅と田原町駅【昭和戦前期】
地下鉄の稲荷町駅の地上出入口と田原町駅のホーム。
Inaricho Station and Tawaramachi Station, commemorating the opening of a section between Ueno and Asakusa 【prewar Showa period】
Subway Inaricho Station ground exit and the Tawaramachi Station platform.

田原町駅の地上出入口【現在】
Tawaramachi Station ground entrance 【present】

田原町駅の地上出入口【昭和戦前期】アールデコ様式のデザインが施されていた田原町駅の地上出入口。
Tawaramachi Station ground entrance 【prewar Showa period】 The ground entrance of Tawaramachi Station designed in an Art Deco style.

東武鉄道と松屋浅草店【昭和戦前期】
隅田川に架かる東武橋梁を渡る電車、背景左には松屋浅草店が見える。
Tobu Railway and Matsuya Asakusa store【prewar Showa period】
You can see the train crossing the Tobu Railway Bridge over the Sumidagawa River, and the Matsuya Asakusa store on the left in the background.

浅草雷門駅のスタンプ
【1935（昭和10）年】
松屋浅草店と東武橋梁をデザインした浅草雷門（現・浅草）駅のスタンプ。
Asakusa Kaminarimon Station stamp【1935】
A stamp from the Asakusa Kaminarimon (now Asakusa) Station featuring a design of the Matsuya Asakusa store and the Tobu Railway Bridge.

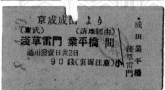

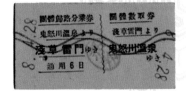

戦前の東武鉄道で使用されていた乗車券（3種類）【昭和戦前期】
Tickets used on the Tobu Railway (three types) before the war 【prewar Showa period】

06-6
東武線

◎東武線の列車【現在】
Tobu Line train【present】

◆東武浅草駅◆

ご存知のように浅草駅は松屋の中にある。時間合わせのために隅田川の真上で止まる事が多く、当時はその黒い川から酷い悪臭が上がって来るため窓を閉めるのが常だった。折り返しの電車が発車するまで待たなくてはいけないのだが、子供だった僕にはその待ち時間がいつも異常に長く感じていたのを覚えている。浅草に遊びに行ける楽しみと、臭いを我慢しなければならない苦しみとの戦いだ。電車が動き出し、ようやく松屋に入る時のホッとした気持ちは今でも忘れない。

隅田川と松屋浅草店、朝日ビールの工場を空撮【昭和戦前期】
隅田川に架かる2つの橋を挟んで、松屋浅草店、アサヒビール工場が向かい合うように建っていた。
Aerial view of the Sumidagawa River, Matsuya Asakusa store, and the Asahi Brewery【prewar Showa period】
The Matsuya Asakusa store and Asahi Brewery were built to face each other across the two bridges over the Sumidagawa River.

06-7 隅田川

【左下】吾妻橋【昭和戦前期】
1931（昭和6）年に竣工した現在の吾妻橋。
上を市電が走る。
Azumabashi Bridge【prewar Showa period】 The current Azumabashi Bridge completed in 1931. A tram runs on the bridge.

【右下】吾妻橋、浅草方面を臨む【現在】
隅田川の流れは、在原業平が訪れた昔も今も変わらない。
View towards Azumabashi Bridge and Asakusa【present】 The flow of the Sumidagawa River remains the same as it was when visited by Ariwara no Narihira.

東武隅田川橋梁【現在】
東武隅田川橋梁を渡る東武スカイツリーライン（東武伊勢崎線）の電車。
Tobu Railway Sumidagawa River Bridge【present】
A train on the Tokyo Sky Tree Line (Tobu Isesaki Line) that crosses the Tobu Railway Sumidagawa River Bridge.

桜の季節の隅田公園【昭和戦前期】春の隅田公園を歩く花見客、着物と洋服の人が入り混じっている。
Sumida Park during the cherry blossom season【prewar Showa period】
There are a mix of cherry-blossom visitors, kimono and clothes walking in Sumida Park in spring.

◇隅田川の畔◇

「墨田」区にあるのに「隅田」川。隅田公園は「隅田」。僕の出身校の墨田川高校は「墨田」。地元の僕らは、あまり深くは考えたことはなかったが、地方から上京してきた友人などは、かなり混乱すると言っていた。ついでに、江戸川区の江は「え」。江東区の江は「こう」。東あずまは「あずまあずま」とも読める。う〜む、日本語、特に地名や人名はややこしいけど面白い。実家の酒屋を手伝っていた叔父が配達時によく僕を連れて行ってくれた。そして隅田公園方面に行くたびに、三色の団子を買ってくれるのだ。今も変わらぬ言問団子は地元で愛され、子供にとっては最も贅沢な「すいーつ」だった。

松屋浅草店【昭和戦前期】
隅田川越しに見た松屋浅草店。屋上には航空艇が見える。
Matsuya Asakusa store【prewar Showa period】
The Matsuya Asakusa store seen from across the Sumidagawa River. You can see an aviation boat on the roof.

隅田川から松屋浅草店方向を臨む【現在】
吾妻橋のたもとには、隅田川を下る水上バスの乗り場が設けられている。
View from the Sumidagawa River to the Matsuya Asakusa store【present】
At the foot of Azumabashi Bridge, there is a water bus stop down the Sumidagawa River.

吾妻橋と浅草の建物【昭和戦前期】
隅田川、吾妻橋越しに松屋浅草店、神谷バー、地下鉄ビルが見える。
Azumabashi Bridge and Asakusa buildings【prewar Showa period】
You can see the Matsuya Asakusa store, Kamiya bar, and subway building over the Sumidagawa River and Azumabashi Bridge.

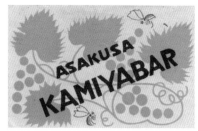

神谷バーのマッチラベル【昭和戦前期】
Kamiya Bar Match Label【prewar Showa period】

06-8
神谷バー、
浅草区役所

浅草区役所【昭和戦前期】
関東大震災後に建てられた、浅草区役所の玄関。
Asakusa Ward Office【prewar Showa period】
The entrance to the Asakusa Ward Office built after the Great Kanto Earthquake.

浅草公会堂付近【現在】
浅草区役所があった場所には、1977（昭和52）年に浅草公会堂が誕生した。
Near Asakusa Public Hall【present】
The Asakusa Public Hall was built in 1977 on the site of the former Asakusa Ward Office.

◆神谷バー◆

初めて神谷バーに行ったのは、遅ればせながら今から10年ほど前。あのなぎら健壱さんと浅草をブラブラとスナップ写真を撮り歩いた後でのお誘いでした。上戸のなぎらさんは案の定、常連さんでして、リラックスされておりましたが、僕はどうにも落ち着かず、注文の仕方もわからずキョロキョロしながら席に着いた覚えがあります。ほとんどが常連客のようで、僕はしばらく場違いな面持ちだったことでしょう（なぎらさんはそれを見て楽しんでいるようでしたが）。酒屋のせがれだった僕は、親父からよく聞かされていたここの電気ブランをようやく体験し、妙な感動を覚えた。そしてガラスの収集をしている僕にとっては、ここのショットグラスがずっと気になっている。

神谷バー【現在】
電気ブランで有名な神谷バーは、いまでも地元の人々や観光客に人気の店である。
Kamiya Bar【present】 Famous for its cocktail Denki Bran, Kamiya Bar is still popular among locals and tourists.

浅草公園の南側、戦前に存在していた浅草区役所は、台東区役所の支所に変わっている。隅田川を渡って、浅草にやってきた東武伊勢崎線に、新しい浅草（旧・浅草雷門）駅が誕生している。この時期、国際通り沿いには、道路名の由来となった国際劇場が存在していた。跡地には現在、浅草ビューホテルが建っている。戦前、雷門の東側に存在した浅草郵便局は、田原町駅付近（西浅草）に移転し、跡地には雷門郵便局が誕生している。

国際劇場【昭和戦前期】1937（昭和12）年に開場した国際劇場。「東洋一の五千人劇場」と呼ばれた。
International Theater 【prewar Showa period】
The International Theater was opened in 1937. It was called "the best theater in the East to hold 5,000 people".

07 知られざる風景
CHAPTER
Unfamiliar Landscape

07-1 国際劇場

◆国際劇場◆

国際劇場の舞台には一度も立つ事はなかった。1970年代後半から内田裕也さんが主宰する年越しのロックコンサートが開催されていましたが、その頃の僕らはフォークグループ。フォーク嫌いの裕也さんに呼ばれるはずもありませんでした。それでも当時一度だけ、ムッシュかまやつさんの紹介で裕也さんのレコードのコーラスをやらせてもらったことがありました。その数年後、僕らにやっとヒット曲が出た直後に、なんと裕也さんがTBSの楽屋に訪ねて下さり、その時のお礼の言葉を頂いたのです。「あの時はサンキュー！ロケンロール！」と。僕にとっては国際劇場＝内田裕也さん、なのです。

浅草ビューホテル【現在】
国際劇場の跡地には、1985（昭和60）年に浅草ビューホテルが誕生した。
Asakusa View Hotel 【present】
The Asakusa View Hotel was built on the site of the former International Theater in 1985.

浅草公園の展望観覧車【明治後期】1908（明治41）年に、上野公園から浅草にやってきた展望観覧車。
Asakusa Park Ferris Wheel【late Meiji period】The Ferris wheel was relocated to Asakusa from Ueno Park in 1908.

07-2
観覧車があった

　浅草には、上野からやってきた観覧車があった。浅草の観覧車は1907（明治40）年に上野公園で開催された東京勧業博覧会の第一会場にあったもので、さらに1年前の1906（明治39）年、大阪の天王寺公園で開かれた日露戦争戦捷紀念博覧会でお目見えした日本初の観覧車が移設されてきたのである。浅草の観覧車は、1908（明治41）年に日本パノラマ館の向かい側に設置されたが、短期間の営業だったとみられ、絵葉書などに残る姿もかなり少ない。

浅草公園の展望観覧車【明治後期】
世界に2つしかない観覧車で、1つはアメリカ・セントルイスにあると看板に記されている。
Asakusa Park Ferris Wheel【late Meiji period】
One of only two Ferris wheels in the world, the signboard indicates that the other is located in St. Louis, USA.

浅草寺本堂と噴水【明治後期】 浅草寺本堂の横で、涼を奏でていた噴水。現在は見ることができない。
Sensō-ji Temple Main Hall and fountain【late Meiji period】
A fountain spraying next to the Main Hall of Sensō-ji Temple. Does not exist today.

【左中】雪の日の浅草（木版画）【明治後期】 雪の日の金龍山浅草寺、左奥に浅草十二階が見える。
Asakusa on a Snowy Day (Woodcut)【late Meiji period】 On the snowy day you can see Kinryuzan Sensō-ji Temple and the Asakusa Ryōunkaku in the back left.

【右中】浅草寺の噴水、雪の日【1906（明治39）年】 東京に大雪が降った日の浅草寺本堂と噴水。日露戦争の凱旋記念のスタンプがある。
Sensō-ji Temple fountain, snowy day【1906】 The Main Hall and fountain of Sensō-ji Temple on the day of heavy snowfall in Tokyo. There is a stamp to commemorate the Arc de Triomphe of the Russo-Japanese War.

07-3 公園の噴水

　浅草寺の本堂の裏手には、涼しげな雰囲気を醸し出す大きな噴水があって、夏の日などは多くの人の足を止めていた。この噴水がいつまで存在したかは不明だが、高村光雲作の龍神像（沙竭羅竜王像）は現在、本堂前右側のお水舎に安置されている。もう１枚の絵葉書は、1906（明治39）年の冬の日と思われる、浅草の噴水付近の風景である。東京に大雪の降っ

た日の記録は確認でき、明治維新後では1883（明治16）年２月に46センチの積雪が記録されている。その後も1887（明治20）年１月に３１センチ、1892（明治25）年２月に25センチといった記録がある。この1906年の降雪は、そこまでではなかったようだが、絵はがきブームの中で「銀世界」の風景として残されたのだろう。

07-4
公園の片隅に

　浅草寺の境内から出発した浅草公園では、さまざま仏像、銅像を見ることができた。この瓜生岩子は明治時代の社会事業家で孤児・窮民の救済に尽力し、1896（明治29）年に女性初の藍綬褒章を受章した。初代の瓜生岩子像は1901（明治34）年に建立され、現在のものは1978（昭和53）年に再建された。もう1枚の絵葉書は、1687（貞享4）年に建立された「二尊仏」と呼ばれる勢至・観音菩薩の金銅製の坐像で、かつては石垣に囲まれた広い場所にあった。

瓜生岩子像【明治後期】
1901（明治34）年に建立された社会事業家の瓜生岩子の銅像。福島県出身で、地元の喜多方市には瓜生岩子記念館がある。
Uryu Iwako Statue 【late Meiji period】
A bronze statue of Uryu Iwako, a social entrepreneur erected in 1901. Born in Fukushima Prefecture, there is the Uryu Iwako Memorial Museum in Kitakata City.

浅草寺の二尊仏【明治後期】 江戸時代初期に造られた浅草寺の二尊仏（観音・勢至菩薩）。
Sensō-ji's two Buddha Statues 【late Meiji period】
Nisonbutsu, two Buddha statues (Kannon/Seiji Bodhisattva) of Sensō-ji Temple built in the early Edo period.

浅草公園オペラ館のチラシ【大正期】
出演者には田谷力三、二村定一、清水金太郎、井上起久子らの名前が見える。
Flyer of Asakusa Park Opera Hall 【Taisho period】
Performers such as Rikizo Taya, Teiichi Futamura, Kintaro Shimizu, and Kikuko Inoue can be seen.

ベアトリ姐ちゃんの歌詞付【大正期】
「ボッカチオ」で「ベアトリ姐ちゃん、まだ寝んねかい」と歌われた場面を描く絵葉書。
Beatri-nechan lyrics included 【Taisho period】 A postcard depicting a scene in which "Beatri-nechan, are you still sleeping?" was sung in "Boccacio".

浅草公園オペラ館の前売入場券【1934（昭和9）年】
エノケン（榎本健一）らの劇団「ピエル・ブリヤント」の公演などが行われていた。
Advance admission ticket for Asakusa Park Opera Hall 【1934】 Performances of the theater group "Pierl Bryanto" by Enoken (Kenichi Enomoto) and others were held.

金龍館の招待券　大正期？
活動写真館（映画館）時代の金龍館の招待券。
Kinryukan Theater complimentary ticket 【Taisho period?】 A complimentary ticket to the Kinryukan when it was the Katsudo Photo Theater (movie theater).

07-5 浅草オペラ

　「浅草オペラ」という言葉の響きは、ハイカラ、モダンで、しかもレトロな趣を備えている。その隆盛は第一次世界大戦の1917（大正6）年から関東大震災の1923（大正12）年と短い間で、華やかである一方、あっけなく終わったものだった。

　浅草オペラの流行を支えた歌手、俳優、女優は多彩で数も多いが、その代表的な存在は戦後も各界で活躍した榎本健一（エノケン）と田谷力三だろうか。2人のうちでは、1899（明治32）年生まれの田谷が先輩だが、そのデビューは18歳のとき、1917年に赤坂・ローヤル館で初舞台を踏んでいる。その後、浅草に移り、10代から活躍していたから、オペラの面々の中では若手の歌い手だった。また、1904（明治37）年生まれのエノケンは1919（大正8）年、15歳でコーラス・ボーイとしてデビューしている。後に軽演劇、映画の世界で頂点を極める存在となった。一方、女優陣は高木徳子、沢モリノ、原信子、高田せい子ら個性的なメンバーが活躍していた。

ボッカチオの歌詞付【大正期】
オペラ「ボッカチオ」の歌詞付絵葉書。井上紀久子の出演場面。
Boccaccio lyrics included【Taisho period】
A postcard with lyrics for the opera "Boccacio". The scene
is where Kikuko Inoue appears.

羊飼の娘の歌詞付【大正期】
羊飼いの娘の姿を入れた浅草オペラの歌詞付絵葉書。
**Lyrics of Shepherd's Daughter included
【Taisho period】**
A postcard with lyrics of the Asakusa opera
featuring the shepherd's daughter.

歌劇女優、沢モリノ【大正期】
浅草オペラの女優で、舞踏家としても
活躍した沢モリノ。
**Opera actress Morino Sawa
【Taisho period】**
Morino Sawa, an actress of the
Asakusa opera and dancer.

歌劇女優、原セイ子【大正期】
フランス女士官に扮した歌劇女優の原
セイ子。
**Opera actress Seiko Hara
【Taisho period】**
Opera actress Seiko Hara dressed
as French female officer.

歌劇女優、木村時子【大正期】
「浅草の女王」と呼ばれた浅草オペラ
の歌手・女優の木村時子。
**Opera actress Tokiko Kimura
【Taisho period】**
Tokiko Kimura, a singer and actress
of the Asakusa opera "The Queen
of Asakusa".

　浅草オペラにおいて、田谷やエノケンが演じた作品は、オペラの名が付いているが、実際はイタリア生まれのオペレッタ（軽歌劇）といわれるものを中心に、日本的にアレンジしたもので、オッフェンバックの『ジェロルスタン女大公殿下』は日本名の『ブン大将』と呼ばれていた。また、スッペの『ボッカチオ』では、田谷が『恋はやさし野辺の花よ』をヒットさせたほか、田谷、エノケンが『ベアトリーチェ』を『ベアトリ姉ちゃん』のタイトルで歌って人口に膾炙した。

浅草寺の五重塔【大正期】
「施薬　救療　浅草寺診察所」の看板が見える。
Five-story Pagoda of Sensō-ji Temple 【Taisho period】
The signboard of "Medical Treatment Sensō-ji Clinic" is visible.

施薬　救療　浅草寺診察所の看板（部分）【大正期】
Medical Treatment Sensō-ji Clinic Sign (partial)【Taisho period】

東京大水害、浅草寺救療所のイラスト【1910（明治43）年】
1910（明治43）年の大水害時に設けられた浅草寺救療所、イラスト絵葉書。
Illustration of the Sensō-ji Clinic, the Great Flood of Tokyo 【1910】
Sensō-ji Temple Clinic built in 1910 after the great floods, illustrated postcard.

07-6
浅草寺救護所

　1910（明治43）年8月、東京・下町を襲った大水害では、浅草寺は境内の念仏堂に被災者のための救護所「浅草寺急療所」を設けた。同年10月には六十六仏堂供所に移って、浅草寺救護所となり、1924（大正13）年に浅草寺病院となり、入院患者を受け入れるようになった。その後、浅草寺医療院をへて、1948（昭和23）年に浅草寺病院となり、現在に至っている。

紀文煎餅【大正期】
「浅草名物」の看板がある、1890（明治23）年創業の紀文堂（総）本店。
Kibun rice cracker 【Taisho period】
Kibundo main shop, established in 1890, featuring a sign for "Asakusa delicacy".

山城組総本舗【明治後期】
洋傘、洋服、外套などを扱っていた「まけぬ堂」こと、山城組総本舗。
Yamashiro Gumi Sohonpo 【late Meiji period】 Yamashiro Gumi Sohonpo, known as "Makenudo", offered Western umbrellas, clothes, cloaks, and others.

西川合名会社【大正期】
「六物解毒丸本舗」と解説の付いた売薬舗、西川合名会社。
Nishikawa unlimited partnership 【Taisho period】
Nishikawa unlimited partnership was a drugstore with the explanation "Cure-all detoxification".

07-7 商店

かづさや半襟前掛け店【昭和戦前期】 仲見世の東側にあった「かづさや半襟前掛け店」。和装小物店として現在も健在である。
Kazusaya half-collar apron store 【prewar Showa period】
"Kazusaya half-collar apron store" was on the east side of Nakamise shopping arcade. The shop still exists today as a kimono accessory store.

若松屋旅館【明治後期】浅草広小路に面した雷門前にあった若松屋旅館。
Wakamatsuya inn【late Meiji period】
Wakamatsuya inn was in front of Kaminari-Mon Gate facing Asakusa Hirokoji Street.

07-8
旅館と料亭

　浅草の宿といえば、現在では浅草ビューホテルを代表するホテルになるが、江戸の昔から浅草には旅館が多く存在し、現在も浅草指月や三河屋本店などが営業を行っている。これは雷門前にあった若松屋の玄関風景である。また、萬盛庵は浅草を代表するそば店として、奥山に店舗を構えていた。この店は、浅草出身の女優、沢村貞子の『私の浅草』にも登場する。

【中】そば店・萬盛庵【明治後期〜大正期】
浅草観音裏（奥山）にあった萬盛庵は、沢村貞子『私の浅草』にも登場する。
Soba restaurant, Manseian
【late Meiji-Taisho period】
Manseian, which was located in behind Asakusa Kannon (Okuyama), appears in Sadako Sawamura's "My Asakusa".

【下】料亭・常盤楼【明治後期】
仲見世奥にあった料亭・常盤楼。大湯滝、大水泳場の文字が見える。
Ryotei Tokiwaro【late Meiji period】
Tokiwaro was a restaurant located in the depth of Nakamise shopping arcade. The characters for Ouyou-taki Waterfall and Great Swimming Pool are visible.

令和の商店

伝法院通りの商店【現在】
同色のシャッターで統一された商店街。
Shops on Denboin Street【present】
A shopping district adorned with shutters of the same color.

伝法院通りの商店【現在】
2005（平成17年）度の「伝法院通り江戸まちづくり景観整備事業」で商店街を江戸まち風に整備した。
Shops on Denboin Street 【present】
In 2005, the "Denboin Street Edo Town Development Landscape Improvement Project" was launched to develop the shopping district in the style of Edo period.

浅草の路地【現在】
「下町の定番B級グルメ」もんじゃ焼き屋。
Asakusa alley【present】
A Monja-yaki shop featuring classic "downtown B-class gourmet".

仲見世も良いがその周辺には観光客向けに下町っぽい店やレトロな店が並んでいる。昭和の古き良き時代にタイムスリップしたような感覚にもなる。初めて浅草を歩く人にとっては何処と何処の路地がどうつながっているのか分からず、何度も同じところを行ったり来たりしてしまうこともあるかも知れない。そんな時にたまたま面白い店を発見し、じゃあ次に来た時にまたここに、と思っていてもなかなか探せなかった、なんてこともあるのでは。それがまた、浅草歩きの楽しいところでもある。

自動飲料水販売機【大正期】
浅草公園に設置されていた自動飲料水販売機。老若男女が利用している。大正期の現代風俗絵葉書の1枚。
Automated drinking water vending machine【Taisho period】 An Automated drinking water vending machine installed in Asakusa Park. Used by men and women of all ages. One of modern postcards of the Taisho period.

0-8

浅草の人々
People of Asakusa

08-1
自動飲料水販売

　飲み物の自動販売機が一般的に普及しだしたのは戦後からと言われているので、当時はかなり話題になったのではないかと。でも真冬は冷水、真夏は温めのお湯だったのかな、なんて想像すると少し豊かな気持ちになれます。今では各種ペットボトルや缶入り飲料が選び放題だし、冬はホットで夏は冷え冷えと至れり尽くせり。便利な時代に慣れてしまい、僕は何かを置き忘れて来てしまった気がします。

自動販売機【現在】3台並んでいるカラフルな自動販売機。
Vending machines【present】
Three colorful vending machines are lined up.

浅草寺本堂前【大正期】
本堂の前に並んでいる豆売りと、その豆をもらっていた鳩ぽっぽ。浅草名所の懐かしい風景の一コマ。
In front of Sensō-ji Temple Main Hall【Taisho period】 Beans sellers lined in front of the Main Hall, and pigeons received the beans. Nostalgic scenery of a famous spot in Asakusa.

08-2 鳩と豆

◇鳩と豆◇

鳥嫌いの友人には、浅草寺のおみくじを引きに行くための最大の難関が鳩だそうな。ここの鳩はとにかく人を怖がらない。むしろエサが欲しくて大群が媚びて来るので、そりゃもう大騒ぎ。のんびりと♪ポッポッポ鳩ポッポ～♪などと歌ってる場合ではないようだ。

【中】浅草寺、鳩の豆売り【明治後期】
傘や頭巾を用意して、露店で鳩の豆を売っていたお婆さんたちは浅草の名物だった。
"Hato-no-mameuri" bean sellers in Sensō-ji Temple【late Meiji period】
Old ladies with their umbrellas or hoods selling "hato-no-mame" beans from stalls were famous in Asakusa.
【下】浅草寺境内の鳩【現在】
人に慣れている鳩たち。時間によっては大群に遭遇できる。
Pigeons on the grounds of Sensō-ji Temple 【present】 Pigeons use to people. Depending on the time, you can encounter large flocks.

飴売り（行商）【大正期】
浅草吉野町にやってきた飴売りの行商。子どもたちが集まっている。
Candy sellers (vendor)
【Taisho period】
A candy vendor who came to Yoshino in Asakusa. Children have gathered.

08-3
子供たち

◇子供達◇

我が街にも紙芝居屋や駄菓子屋、公園の入り口辺りに突如と現れるオッサンの不思議な店（後にテキ屋さんと知る）など、子供向けのお店が多々あった。そして子供社会には子供にしか理解できない楽しさ、虚しさ、挫折や希望などが町には溢れていました。大人達とのジェネレーションギャップは、今のそれとは比べ物にならないくらいの深い溝があったと思います。だからか当時の子供たち、特に下町の悪ガキたちは大人の目を盗みながら遊ぶことに関しては天才揃いだった。

浅草公園、子どもたち【明治後期】
浅草公園の池の噴水を見ている子どもたち、1909（明治42）年のスタンプが押してある。
Children in Asakusa park
【late Meiji period】
Children in Asakusa park looking at the pond fountain, affixed with a stamp from 1909.

【左上】花屋敷の入り口【大正期】
浅草花屋敷の入り口で、切符をもぎっていた男性。これも大正期の現代風俗絵葉書のシリーズの1枚。
Entrance to Hanayashiki【Taisho period】
A man picking up a ticket at the entrance of Asakusa Hanayashiki. This is also one of a series of modern postcards from the Taisho period.

【右上】花屋敷の入り口（部分）【大正期】
同じ絵葉書の部分拡大。左上にドイツ海軍の艦隊歓迎の文字が見える。
Entrance to Hanayashiki (partial)
【Taisho period】
Partial enlargement of the same postcard. In the upper left corner, you can see characters welcoming the German Navy fleet.

【中】屋外説法【大正期】
僧侶による屋外説法を聞きに集まった人々。その横で遊ぶ子どもも見られる。
Outdoor sermon【Taisho period】
People gathered to listen to the outdoor teaching by the monks. Children can be seen playing off on the side.

08-4 さまざまな職業

◇さまざまな職業◇

新仲見世や伝法院通りあたりには不思議な店がたくさんある。時代劇用の衣装、カツラや刀をウィンドウの中に陳列している店。外国の俳優さんも扱っているブロマイドの専門店（僕らのデビュー時も地下のスタジオで撮影してもらい販売してもらった）、あとは今で言うフリーマーケットのような品揃えを屋内で営んでいるところもあった。露天商も盛んで、楽しかった。前出のなぎら健壱さんは、子供の頃の万年筆の露店商が歌う歌がとても印象的だったと仰っていたが、さすがに僕はそれは知らなかった。当時の2歳の差は大きいのです。

金魚売り【大正期】浅草寺の境内で、盥に入れた金魚を売っていた男性。長閑な時代の夏の風景だ。
Goldfish sellers【Taisho period】 A man was selling goldfishes in a tub in the grounds of Sensō-ji Temple. The summer landscape of a tranquil time.

浅草の神輿【大正期】浅草の山谷町にやってきた子ども神輿。先導するのは大人の役目だった。
Asakusa Mikoshi【Taisho period】
Child-sized mikoshi paraded through Sanya, Asakusa. It was the role of adults to lead the children.

08-5 祭りと神輿

浅草寺本堂前の金龍の舞【昭和戦後期】1958（昭和33）年の本堂落慶を機に奉納されている金龍の舞。
Kinryu (Golden Dragon) Dance before the Sensō-ji Temple Main Hall【post-war Showa period】
The golden dragon dance was conducted in 1958 to celebrate the completion of construction on the Main Hall.

浅草寺地蔵尊前【明治後期】 浅草寺境内に安置されていた地蔵尊の前で手を合わせる人々。左側にはそれを見る男の子がいる。
In front of Jizoson in Sensō-ji Temple 【late Meiji period】 People praying in front of Jizoson enshrined in the grounds of Sensō-ji Temple. On the left is a boy looking along.

08-6 祈りの場所

　浅草寺（浅草観音）の境内にあった地蔵尊や久米平内の前で、手を合わせる人々。わが国では現在もどこの場所でも見られる風景だが、明治から大正、昭和にかけての東京名勝（名所）のひとつとして採用されている。上の絵葉書の右下に付けられていたトンボのマークは、横浜にあった絵葉書店「トンボ屋」の製品であることを示している。

　浅草を舞台にした落語は数多い。江戸随一の繁華街であり、花街・吉原を控えていたから庶民にとって最もなじみのあった場所だからだろう。そ

のうちのひとつが「粗忽長屋」で、浅草観音に出かけた長屋の粗忽者、八五郎（八）と弟分の熊五郎（熊）が主人公である。八は雷門前（仁王門前の設定も）にできた人だかりの中を見ると、熊らしき男が行き倒れていたという設定。長屋に戻った八は、熊に「お前は昨日、浅草で死んでいた」と告げる。この熊も要領を得ないまま、二人で雷門前へ行って、野次馬をかき分けていく。引き取ろうとした男の死骸を抱いた熊が、「抱かれているのは確かに俺だが、抱いてる俺は誰だろう」と言うのがオチである。この噺でわかるように、浅草では身元不明で行き倒れる人が多かったのだろう。

浅草寺久米平内堂【昭和戦前期】
浅草寺境内の久米平内堂。伝説に包まれた江戸前期の武士、久米平内を祀っていた。
Kume-no-heinai Hall in Sensō-ji Temple 【prewar Showa period】
Kume-no-heinai Hall in the grounds of Sensō-ji Temple. It enshrines the legendary Kumeno Heinai, a samurai of the early Edo period.

浅草寺の「ほおずき市」の準備【大正期】浅草寺の本堂脇で、ほおずき市の露店の準備をする人々。
Preparations for the Hozuki-Ichi market in Sensō-ji Temple【Taisho period】
People prepare a stall at the Hozuki-Ichi market on the side of the Main Hall of Sensō-ji Temple.

08-7
浅草の市

　浅草の市として有名なのは、毎年7月に開催されるほおずき市。四万六千日の縁日にちなんで浅草寺に開催されるもので、境内には赤いほおずきを売る屋台が並ぶ。一方、暮れの12月17〜19日には羽子板を売る納めの観音ご縁日が開催される。いわゆる羽子板市で、正月の遊びの主役のひとつだった、色とりどりの羽子板を売る店は、冬の風物詩となっている。また、11月の酉の日に開催される、浅草酉の市も広く知られている。千束の鷲（おおとり）神社、長國寺（酉の寺）を中心に浅草から三ノ輪まで、熊手を求める多くの人々が列を成す風景が見られる。

◇浅草の市、露店◇

　三社祭はあまりにも有名なのだが、実のところ僕は一度も行ったことがない。気が小さいのか、内弁慶な性格がこんなところにも表れているのか。とにかく全国から集うごっつい男たちが神輿を担ぐ光景を見ているだけでも、踏まれたら大変だ、すっ飛ばされそうだ、などと思ってしまい、わざわざ近くで見てみようなんて気にはならないのだ。
でも縁日は大好きで、近くで祭りがあると金魚すくいや亀すくい、ハッカパイプやお好み焼き、水飴、綿菓子など、お小遣いを工面しながら楽しんだものです。そう言えば昔は縁日で小さなワニも売られていました。今思うとメガネカイマンの子供です。当然その頃親に買ってもらったワニが2メートル以上に成長して、天寿を全うしたと言う話は、聞いたことがありませんが。

08-8
鬼灯市
羽子板市

ほおずき市【昭和戦後期】
毎年7月上旬、四万六千日に開催されている浅草寺のほおずき市。
Hozuki-Ichi market【post-war Showa period】
Sensō-ji Temple's Hozuki-Ichi market is held on designated days every year in early July.

ほおずき市【昭和戦後期】
夏の風物詩、ほおずき市は浴衣姿の人々で賑わう。
Hozuki-Ichi market【post-war Showa period】
Hozuki-Ichi market, a summer tradition, is crowded with people wearing yukata.

【左下】羽子板市【昭和戦前期】 12月に開催される羽子板市は、浅草の暮れの風物詩となっている。
Hagoita-Ichi market【prewar Showa period】
Hagoita-Ichi market, which is held in December, is a year-end tradition in Asakusa.

【右下】羽子板市【昭和戦後期】 戦後もしばらくは着物、コート姿で、浅草の羽子板市を訪れる人が多かった。
Hagoita-Ichi market【post-war Showa period】
For a while after the war, many people visited Hagoita-Ichi market in Asakusa, wearing kimono and coat.

酉の市の熊手をもつ男たち【大正期】酉の市は東京の各地で開催される。縁起物の大きな熊手を男たちが支えている。
Men with rakes during Tori no Ichi market 【Taisho period】 Tori no Ichi markets are held in various parts of Tokyo. Men are supporting big rakes meant to represent good luck.

08-9 酉の市・歳の市

浅草の酉の市【大正期】
浅草の酉の市は鷲神社と長国寺で開かれ、大勢の人々が集まってくる。
Asakusa Tori no Ichi market 【Taisho period】
Tori no Ichi market in Asakusa is held at the Otori Shrine and Chokoku-ji Temple, where many people gather.

浅草の酉の市【昭和戦後期】
酉の市では、人々は威勢のいい三本締めで幸運を願う。
Asakusa Tori no Ichi market 【post-war Showa period】
At Tori no Ichi market, people wish for good luck with three vibrant claps of the hands.

浅草にやってきた南洋庁の人々【大正期】六区の興行街を歩く、第一次世界大戦で日本の委任統治領となった南洋諸島の人々。
People of the South Sea Islands government office visiting Asakusa【Taisho period】
The people of the South Sea Islands, which came under the rule of Japan after World War I, walking along the entertainment districts of the 6th Ward.

08-10 南から来た人々

　1914（大正3）年、第一次世界大戦に参戦した日本は、ドイツ領の南洋諸島を占領した。その後、このパラオ、サイパン、トラック島などは日本の委任統治領となるが、それに先立った1915（大正4）年夏には、

南洋諸島の酋長らが来日して東京各地を見学した。この2枚の絵葉書は、浅草を訪れた一団が白い背広、帽子の姿で、六区、仲見世付近を歩く風景である。

浅草寺境内の南洋庁の人々【大正期】
白い洋服姿で日傘を差して歩く、南洋諸島の先住民たち。
People of the South Sea Islands government office on the grounds of Sensō-ji Temple 【Taisho period】
Natives of the South Sea Islands walking in white clothes and holding parasols.

浅草六区の夜景、震災後【昭和戦前期】モダンなネオンに彩られた映画館、劇場が建ち並ぶ街になった浅草六区。
Night view of Asakusa 6th Ward, after the earthquake【prewar Showa period】
Asakusa 6th Ward had become a town lined with modern neon movie theaters and theaters.

09 CHAPTER 災害と夜景
Disasters and Night Views

09-1 夜景

　不夜城という言葉がある。今では珍しくはないが、明治から大正にかけてはネオン輝く街の姿は大いなる驚きだっただろう。この時期、上野公園などで開催された期間限定の博覧会では、夜間も入場者を集めており、派手な夜景の絵葉書が残されている。しかし、街の明かりなら、浅草が随一で、まだまだ銀座や日比谷は遠く及ばなかった。公園のひょうたん池に移るネオンサイン、六区の電飾、仲見世の街灯、まさに光の王国である。夜の浅草は、昼とはまた違う味わいの華やかな街に変貌を遂げるのだった。

浅草六区の夜景、震災前【大正期】
月夜の浅草公園とひょうたん池。浅草十二階が光を放っていた。
Night view of Asakusa 6th Ward, before the earthquake 【Taisho period】
Asakusa park and Hyotan-ike pond on a moonlit night. The lights of the Asakusa Ryōunkaku can be seen.

映画街のネオン【昭和戦前期】 1937(昭和12)年に公開の映画「新しき土」の看板が見える映画街の夜景。
Neon of movie theater district【 prewar Showa period 】 Night view of the theater district where a sign is visible for the movie "The Daughter of the Samurai", which premiered in 1937.

田原町駅に近い等光寺には、石川啄木の歌碑が建てられている。「浅草の夜のにぎはひにまぎれ入り　まぎれ出で来しさびしき心」という歌集『一握の砂』に収められている一首で、生誕70年にあたる1955(昭和30)年に建立された。『一握の砂』が刊行された1910(明治43)年といえば、幸徳秋水らが処刑される大逆事件が発覚した年。浅草の夜のにぎやかさと、詩人の身に迫り来るさびしさ。浅草寺か、仲見世か、あるいは浅草十二階付近だろうか。ちなみに等光寺は、啄木の親友だった歌人、土岐善麿の生家で、啄木の葬儀が行われた場所でもある。

浅草六区の夜の賑わい【大正期〜昭和戦前期】
左に千代田館、右に三友館が見える浅草六区の夜景。
Asakusa 6th Ward of the bustle of the night 【Taisho-prewar Showa period】
The night view of Asakusa 6th Ward with Chiyodakan movie theater on the left and Sanyukan movie theater on the right.

仲見世の夜景【大正期〜昭和戦前期】
人々で賑わう仲見世の夜景。「婦人倶楽部」は1920(大正9)年に創刊された雑誌。
Night view of Nakamise shopping arcade 【Taisho-prewar Showa period】
A night view of Nakamise shopping arcade crowded with people. The magazine "Women's Club" published its first issue in 1920.

水害時の浅草公園【明治後期】水害時にひょうたん池付近を歩く人々。浅草十二階が奥に見える。
Asakusa Park during a flood 【late Meiji period】
People walking near the Hyotan-ike pond during a flood. Asakusa Ryōunkaku can be seen in the background.

09-2
明治の水害

水害時の浅草公園の電話ボックス
【1910（明治43）年】
男性の腰あたりまで水が押し寄せた東京大洪水。そのときの浅草公園の自働電話（ボックス）。
Telephone box in Asakusa Park during a flood 【1910】
The waters of the Tokyo Flood rose to the waists of men. A telephone booth in Asakusa Park from that time.

水害時のオペラ館前【1910（明治43）年】
東京大水害時の浅草六区のオペラ館前。いかだに乗った男性も見える。
In front of the Opera House during a flood 【1910】
In front of the Opera House in Asakusa 6th Ward during the Great Tokyo Flood. You can also see a man on a raft.

水害時のひょうたん池【1910（明治43）年】 前年に続いて水害に見舞われた浅草公園のひょうたん池付近。
Hyotan-ike pond during a flood【1910】
Around Hyotan-ike pond in Asakusa Park, which suffered flood damage for two consecutive years.

　僕が生まれ育った墨田区吾嬬町（今は立花）は海抜0メートル地帯でした。いわゆる引き潮時で海面と地面が同じ高さなので、一日のうちのほとんどが海面の方が高い位置にあったのです。だから毎年台風の時期は大変です。ほぼ毎年のように水が出ていて、印象深いのは10歳くらいの時でしょうか、床下浸水でお店の品物が水浸しで、町中が沼のようになった事がありました。車道も歩道も区別がつかなくなった街中を、笑いながらいかだを漕いでいた近所のオジサンたちの姿を覚えてます。大らかと言うか、何と言うか。

　1910（明治43）年の大洪水では、浅草は物凄い被害に遭ったようで、絵葉書にもたくさんその惨状が残っていますね。自然災害が危惧される今日この頃ですが、下町では水との戦いの歴史だったのかもしれません。

浅草のひょうたん池【昭和戦前期】 涼味あふれる風情を醸し出していた平常時のひょうたん池。
Hyotan-ike pond in Asakusa【prewar Showa period】
Hyotan-ike pond in normal times has a calm and cool atmosphere.

関東大震災時の浅草十二階付近【1923（大正12）年】無残な姿を見せていた浅草十二階と建物の瓦礫。
Around Asakusa Ryōunkaku at the time of the Great Kanto Earthquake【1923】
The rubble of the destroyed Asakusa Ryōunkaku and building.

09-3 関東大震災

関東大震災時の焼け跡の花屋敷と象
【1923（大正12）年】
絵葉書の説明には「呑気な象クンの避難」と記されている。
Ruins of Hanayashiki and the elephant during the Great Kanto Earthquake【1923】
The postcard says, "evacuation of the easygoing elephant"

関東大震災で煙に包まれる浅草十二階
【1923（大正12）年】
崩れ落ちた浅草十二階では、まだ焼け残りの火がくずぶり、煙が立ち込めていた。
Asakusa Ryōunkaku wrapped in smoke after the Great Kanto Earthquake【1923】
The collapsed Asakusa Ryōunkaku was still smoldering and covered in smoke.

関東大震災時の浅草六区の焼け跡【1923（大正12）年】
焼け跡の浅草六区付近を歩く人々。
Remnants of Asakusa 6th Ward after the Great Kanto Earthquake【1923】
People walking around the Asakusa 6th Ward after the fires.

関東大震災時の吾妻橋とビール工場【1923（大正12）年】
大きく折れ曲がった吾妻橋の鉄骨、川の向こうには被災したビール工場。
Azumabashi Bridge and beer factory after the Great Kanto Earthquake【1923】
A large bent steel frame from the Azumabashi Bridge, across the river is a damaged beer factory.

　1923（大正12）年9月1日に発生した関東大震災における東京の被害は、ここでは言い表せないほど甚大なものだった。浅草についていうなら、十二階の上部が崩れ落ち、吾妻橋の橋板が焼け落ち、六区の映画館、劇場なども壊滅した。このときの状況については、明治の水害と同様、多くの写真絵葉書となって残されている。中には生々しい炎に包まれた場面もある。隆盛を誇った浅草オペラの灯も消えたが、これを機に新しい文化が生まれ、やがて昭和モダンの時代の幕開けとなる。

【右中】関東大震災時の仲見世と仁王門【1923（大正12）年】
仲見世を歩く人々がいる中、左には物を売る人らしきの姿も見える。
Nakamise shopping arcade and Nio-Mon Gate after the Great Kanto Earthquake【1923】 Amid people walking around Nakamise shopping arcade, you can see someone selling things on the left.

【右下】関東大震災時の花屋敷【1923（大正12）年】
建物は焼け崩れた中、動物たちがいた檻の鉄骨が残っている。
Hanayashiki after Great Kanto Earthquake【1923】
While the building was torn down, the steel frame of the cage where the animals were still remains.

浅草の俯瞰【昭和戦後期】手前には仲見世、奥には旧浅草区役所、国際劇場が見える。
Overview of Asakusa【post-war Showa period】 You can see Nakamise shopping arcade in the foreground, the former Asakusa Ward Office and the International Theater in the back.

10 戦後の浅草
CHAPTER

Asakusa after the war

10-1 浅草の復興

仲見世【昭和戦後期】
「浅草ショッピングセンター」
として、外国人の買い物客を
対象にした説明もある。
Nakamise shopping arcade
【post-war Showa period】
There is also an explanation
for foreign shoppers
indicating "Asakusa
Shopping Center".

雷門、仲見世、宝蔵門、本堂
【昭和戦後期】
復興した浅草の街で、雷門や浅草
寺の本堂、宝蔵門も再び姿を現し
てきた。
Kaminari-Mon Gate, Nakamise
shopping arcade, Hozo-Mon
Gate, Main Hall
【post-war Showa period】
In the reconstructed city of
Asakusa, Kaminari-Mon Gate,
the Main Hall of Sensō-ji
Temple, and Hozo-Mon Gate
have reappeared.

　戦後の浅草は、再び娯楽の街として復興してゆく。しかし、娯楽の主体が演劇から映画に変わり、ラジオ、テレビの普及とともに六区の賑わいにも翳りが見え出す。花屋敷（花やしき）も再開したものの、郊外に大型の遊園地が出現するなど、大人も子供もが押し掛ける浅草のイメージは薄れていった。その一方、浅草寺を中心に江戸の面影を残した観光地という浅草の魅力は、輝きを増してゆく。特に来日する外国人にとっては、浅草はファンタスティックな場所だった。寿司や天ぷら、洋食といった名店の味は健在で、目でも舌でも楽しめる街となっている。

仲見世【昭和戦後期】屋根（日除け）が付けられた仲見世の風景。まだ、冷房のなかった時代である。
Nakamise shopping arcade【post-war Showa period】
Nakamise shopping arcade landscape with a roof (shade). It was a time when there was no air conditioning.

10-2
仲見世と新仲見世

　雷門から本堂に続く浅草寺の参道が仲見世として発展したように、1930（昭和5）年に開通した、浅草松屋から六区へ抜ける道路沿いの商店街が新仲見世と名乗るようになった。雷門通りと並行する東西の要路であり、戦後はアーケード商店街として荒天の日でも買い物ができる便利さを生かした。一方、上の絵葉書では、仲見世にも日除けの屋根があったことが見える。

【左下】新仲見世【昭和戦後期】
独特の屋根の形をした新仲見世のアーケード。洋服で歩く女性が増えてきた。
New Nakamise shopping arcade【post-war Showa period】
A new Nakamise shopping arcade with a unique roof shape. The number of women in Western-style clothes has increased.

【右下】新仲見世【現在】
New Nakamise shopping arcade【present】

二天門【昭和戦後期】当初、東照宮の随身門であった二天門は戦災を免れ、国の重要文化財になっている。
Niten-Mon Gate【post-war Showa period】Niten-Mon Gate, which was initially the gate at the Toshogu Shrine, escaped damage from the war and is now designated to an Important Cultural Property of Japan.

10-3 二天門と浅草神社

馬道通りに面した二天門は、関東大震災、太平洋戦争の戦災をくぐり抜け、現在は浅草寺で最も古い建造物として国の重要文化財に指定されている。建立されたのは江戸時代の1649（慶安2）年で、当初は随身門と呼ばれ、明治時代に二天門となった。また、浅草神社は、浅草寺の本堂東側にあり、「三社様」と呼ばれてきた。明治維新の神仏分離以前には浅草寺と一体で信仰されてきた。社殿は江戸時代の1649（慶安2）年に建てられており、本殿、拝殿などが国の重要文化財となっている。

戦前、伝法院通りの南側、現在の浅草公会堂のある場所には、旧東京35区のひとつ、浅草区の区役所が置かれていた。この通りも馬道通りから六区に抜ける東西の通りで、戦後も長くレトロな店が並ぶ風景が見られた。

【左下】伝法院通り【現在】個性的な店が並んでいる伝法院通りの商店街。
Denboin Street【present】A shopping arcade along Denboin Street with unique shops.
【右下】浅草神社【昭和戦後期】「三社様」と呼ばれる浅草神社。明治の神仏分離で、浅草寺と分離された。
Asakusa Shrine【post-war Showa period】Asakusa Shrine called "Sanja-sama". It was separated from Sensō-ji Temple by the separation of the gods and Buddha in the Meiji period.

新世界

このコラムを書かせて頂く前まで、花やしきパワーに圧されてか、新世界の事は何故か僕の記憶から完全に消えていました。でも色々な資料を読み返すうちに遥か遠い記憶が。鉄道模型や釣り堀、屋内遊園地などの場面が浮かんで来ます。スマートボールとかも、やったかもしれません。プラネタリウムもあったなぁ。でも子供だけでは入れるような雰囲気ではなかったので、必ず親か叔父と一緒だったと思います。施設の中には大きなキャバレーや温泉もあったようなので、むしろ大人が楽しめる、古き良き時代の最新最強娯楽ビルだったのでしょう。

新世界【昭和戦後期】
大人も子どもも楽しめる場所となっていた新世界のパンフレット。
Shinsekai (recreational facility)
【post-war Showa period】
Pamphlet from Shinsekai, a fun place for adults and children.

新世界【昭和戦後期】
「娯楽の大殿堂　地下大温泉郷」の電飾が見え、浅草の新名所だった。
Shinsekai 【post-war Showa period】
A new tourist attraction in Asakusa with the lights of the "Amusement Hall and Underground Hot Spring Village" visible.

新世界の店内図【昭和戦後期】
屋上には五重塔と庭園、展望台とともに、プラネタリウムがあった。
Shinsekai store map 【post-war Showa period】
There was a planetarium on the roof, along with a five-story pagoda, a garden and an observation deck.

仁丹塔【昭和戦後期】
1954（昭和29）年に再建された仁丹塔。高さ45メートルで、浅草十二階を模していた。
Jintan-tou Tower 【post-war Showa period】
Jintan-tou Tower was reconstructed in 1954. With a height of 45 meters, it was meant to resemble the Asakusa Ryōunkaku.

【左中】国際劇場の夜景【昭和戦後期】
国際劇場には、浅草十二階を模した塔が付けられていた。
International Theater Night View 【post-war Showa period】
The International Theater had a tower resembling the Asakusa Ryōunkaku.

【右中】東京スカイツリー【現在】
吾妻橋交差点付近から見た東京スカイツリー。
Tokyo Sky Tree 【present】 The Tokyo Sky Tree seen from around the Azumabashi intersection.

10-4 浅草の塔

　昭和戦前期の浅草に現れた2つの建物、国際劇場と森下仁丹塔は、戦後もこの街のランドマークとなっていた。もっとも、浅草十二階を模した森下仁丹塔は戦災から復活した二代目だったが。この2つの浅草名物、ナイトスポットを写した昭和30年代の2枚の絵葉書がある。平成、令和と元号が変わったいま、東京オリンピック後の一時期、浅草にあった東京スペースタワー（ポニータワー）のことを知る人も少ないだろう。建てられたのは1967（昭和42）年の暮れで、1973（昭和48）年1月に姿を消した。浅草寺の本堂裏、北西にあって高さは110メートル、展望キャビンが付いていた。いまはどれも姿を消して久しく、人々の記憶から消え去ろうとしている。令和のいま、この街から見渡せるランドマークは、平成に誕生した新名所、東京スカイツリーである。

東京スペースタワー【昭和戦後期】
円形の展望台が回転しながら昇降する独特の形だった東京スペースタワー。
Tokyo Space Tower 【post-war Showa period】
The Tokyo Space Tower had a unique shape in which a circular observation deck moves up and down while rotating.

浅草の写真

朝早かったこともありますが、ちょうど新型コロナ騒ぎで自粛の時期だったせいか外国人観光客はほぼゼロ。日本人もまばらで、こんな寂しい浅草は初めて。でも撮影するにはもってこいの条件でした。

今回の僕の大事な任務は昔の絵葉書を頼りに、それと同じ場所の今を撮る、ということでした。ほぼ絵葉書そのままの姿で残っているところもあれば、全く様相が変わってしまいどこをどう撮れば良いのか混乱したところもありました。

でもあの当時どんな撮影機材でどこからどんな人が撮ったのか、そんなことを想像しながらの撮影はなかなか楽しい時間ではありました。

当時、ひょうたん池はどんな景色だったのだろう、広小路の市電はきっとオシャレだったんだろうな、吾妻橋の赤い欄干は派手だったんじゃないか、そして十二階からの眺めは人々にどんな夢を見させてくれたんだろうか・・。ファインダー越しに見える景色は、少しの間だけ僕をタイムスリップさせてくれたのです。

【左中】浅草十二階の壁画【現在】
浅草十二階の遺構が出た後の跡地に立てられた焼肉店。壁一面に十二階の双六絵が描かれていた。ここから出土した明治時代のレンガが14個、足元に並べられている。
A mural of the Asakusa Ryō unkaku 【present】
A yakiniku restaurant set up on the site where structural remnants of the Asakusa Ryōunkaku were excavated. There were paintings on the wall featuring the Ryōunkaku Sugoroku. At the bottom are 14 bricks from the Meiji period excavated from this site.

【右中】初音小路【現在】
花屋敷の近くにある「初音小路」。藤棚が印象的だ。
Hatsune Koji alley 【present】
"Hatsune Koji alley" located near Hanayashiki. The wisteria trellises are impressive.

【右下】伝法院通り、鼠小僧【現在】
伝法院通りは飲食店や土産物屋が並ぶ江戸情緒あふれた観光スポット。古着屋の屋根の上から鼠小僧治郎吉が下界を見下ろす。
Denboin Street, Nezumi-kozo (a thief called Rat Boy) 【present】
Denboin Street is a tourist spot full of Edo atmosphere with restaurants and souvenir shops. From the roof of a secondhand clothing store, Nezumi-kozo Jirokichi, a thief, looks down on the lower world.

雷門の大提灯【現在】
浅草の顔と呼ばれている雷門の大提灯を真下から狙う。人出が少ない時期だからこそ撮れた1枚である。
Large lantern of Kaminari-Mon Gate 【present】
Aim from directly below the large lantern of Kaminari-Mon Gate, which is called the face of Asakusa. Low crowds make now the time to get that

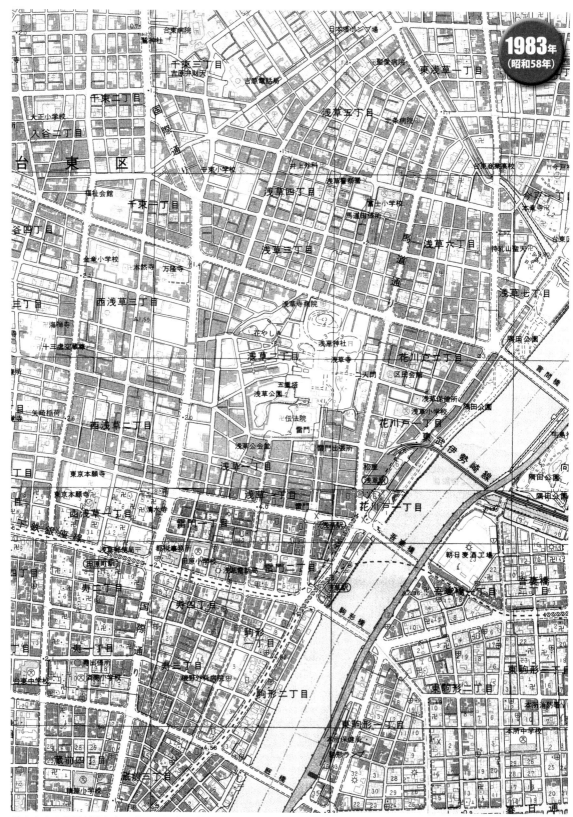

地上を走る都電が消えた一方で、道路などの地下を走る地下鉄の路線が点線で示されている。浅草付近には、現・東京メト
ロ銀座線、都営地下鉄浅草線が通っており、2つの浅草駅が存在している。台東区役所の浅草支所は、1977（昭和52）年に浅
草公会堂に建て替えられた。東京大空襲で焼失した浅草寺の五重塔は、1973（昭和48）年に位置を変えて再建された。戦後
も一部が残っていた古い町名は、統合・改称により姿を消した。

あとがき

　もう何年になるでしょうか、とある骨董市の絵葉書を扱っている店の前で、生田さんから声をかけて頂いたのが始まりでした。元新聞記者と現役ミュージシャン。仕事柄、縁があるようなないような、ビミョウな挨拶を交わしたのを覚えています。それまでの僕は基本的には和ガラスを漁っていたのですが、ちょうどその頃、浅草十二階にハマリ出した時期だったので、その出会い以降、絵葉書や紙モノに精通して生田さんには色々とアドバイスを頂いたり、情報交換をさせて頂くようになったのです。

　二年前、十二階の遺構が発見された時はすぐさま電話をかけ、浅草の喫茶店まで飛んで来てもらいました。二人で大量の古絵葉書を見ながら明治時代はあそこにこれがあって、何が何して、ここでこうなって・・・・、ランチの味は忘れたけどあの日の事ははっきりと覚えています。

　今回、共著の話を頂いたのですが、僕の担当は今の浅草を撮ることと柔らかめのコラム、生田さんが硬めのコラムと全体の企画構成。お互いの得意分野でコラボし、絵葉書はそれぞれが持ち寄って、という流れで進めて参りました。

　初めてにしてはなかなか満足の行くものが出来たので、次もまたどこかの街をやろうか、と二人して調子に乗っているところであります。次があったら、どうぞまた手に取っていただければ幸いです。緊急事態宣言の最中、それぞれがSTAY HOMEでの作業は孤独なようで、チームのような、なかなか貴重な体験でした。次は堂々と喫茶店で打ち合わせをしながらやりましょうか。

2020（令和２）年9月　坂崎幸之助

浅草十二階【大正期】

【著者プロフィール】

坂崎 幸之助
（さかざき こうのすけ）

1954年、墨田区の酒屋の次男坊として生を受ける。今年でプロデビュー46年になる日本の老舗バンド「THE ALFEE」のボーカル＆ギター。本職の音楽以外でも趣味や興味の範囲が広く、和ガラス、古カメラ、古絵葉書、古写真、浅草十二階もの、セルロイドなどの蒐集、さらに両生爬虫類や魚類の飼育等々とどまるところを知らない。自らの手による写真と書を組み合わせた書写真展を毎年二回ずつ開催し、他にも各専門書への執筆活動など毎年のライブツアーの合間を見つけては、忙しくも楽しんでいる。現在ラジオ番組のパーソナリティーとしても活躍中。「K's transmission」（FM NACK5）、「坂崎さんの番組という番組」（JFN系列）、「THE ALFEE 終わらない夢」（NHK-FM）。著書には「吉田拓郎のワイハーへ行こう！」（共著 ワールドフォトプレス）、「和ガラスに抱かれて」（平凡社コロナ・ブックス）、「ネコロジー」（再編集 河出書房新社）、「NEW YORK SNAP」（アルファベータ）、「書写真集 記念」（芸術新聞社）などがある。

生田 誠（いくたまこと）

1957年、京都市東山区生まれ。実家は三代続いた京料理店。副業として切手商を営んでいた父の影響を受け、小さい頃より切手、切符、展覧会チケットなどの収集を行う。京都市立堀川高校を卒業して上京し、東京大学文学部美術史専修課程で西洋美術史を学んだ。産経新聞文化部記者を早期退職し、現在は絵葉書・地域史研究家として執筆活動などを行っている。著書は「ロスト・モダン・トウキョウ」（集英社）、「モダンガール大図鑑 大正・昭和のおしゃれ女子」（河出書房新社）、「2005日本絵葉書カタログ」（里文出版）、「日本の美術絵はがき 1900-1935」（淡交社）、「東京古地図散歩【山手線】」（フォト・パブリッシング）ほか多数。

ふるさと東京 今昔散歩
第1巻 浅草編

2020年10月28日　第1刷発行
2021年6月5日　第2刷発行

著　者……………………坂崎幸之助、生田 誠
発行人…………………高山和彦
発行所…………………株式会社フォト・パブリッシング
　　　　　　　　　　〒161-0032　東京都新宿区中落合2-12-26
　　　　　　　　　　TEL.03-6914-0121　FAX.03-5955-8101
発売元…………………株式会社メディアパル（共同出版者・流通責任者）
　　　　　　　　　　〒162-8710　東京都新宿区東五軒町6-24
　　　　　　　　　　TEL.03-5261-1171　FAX.03-3235-4645
デザイン・DTP ………柏倉栄治（装丁・本文とも）
印刷所…………………株式会社シナノパブリッシング

ISBN978-4-8021-3201-5 C0026